מסורה

ArtScroll Mesorah Series®

Rabbi Nosson Scherman / Rabbi Meir Zlotowitz
General Editors

הגדה של פסח
ויגד משה

haggadah

COMMENTS FROM THE WRITINGS OF
Harav Moshe Feinstein זצ"ל
WITH AN ENGLISH ADAPTATION

Compiled and adapted in
English by
Rabbi Yosaif Asher Weiss

the
vayaged moshe

Published by

Mesorah Publications, ltd

in conjunction with

MESIVTHA TIFERETH JERUSALEM

FIRST EDITION
First Impression . . . February, 1991

Published and Distributed by
MESORAH PUBLICATIONS, Ltd.
Brooklyn, New York 11232

Distributed in Israel by
MESORAH MAFITZIM / J. GROSSMAN
Rechov Harav Uziel 117
Jerusalem, Israel

Distributed in Europe by
J. LEHMANN HEBREW BOOKSELLERS
20 Cambridge Terrace
Gateshead, Tyne and Wear
England NE8 1RP

Distributed in Australia & New Zealand by
GOLD'S BOOK & GIFT CO.
36 William Street
Balaclava 3183, Vic., Australia

Distributed in South Africa by
KOLLEL BOOKSHOP
22 Muller Street
Yeoville 2198
Johannesburg, South Africa

ARTSCROLL MESORAH SERIES®

Typography by Compuscribe at ArtScroll Studios, Ltd.

Printed in the United States of America by Noble Book Press
Bound by Sefercraft, Quality Bookbinders, Ltd. Brooklyn, N.Y.

Dedicated to the memory
of our beloved father

ר׳ שלום יעקב ב״ר צבי ז״ל

נפטר א׳ טבת, תשי״ט

תנצב״ה

He came to these shores as a young man
in the early part of this century and fought
the battle for Torah and Yiddishkeit against
the overwhelming assimilationist trends of
his day. His tzedakah, kindness and
chesed towards family and community
were his hallmark. May the tzedakah given
to enable publication and distribution of
this important volume be an uplifting for
his neshamah.

יחיאל מיכל ועטרה דזשייקאב ומשפחתם

Marvin and Atara Jacob and Family

אודה לה׳ בכל לבב שהגיעני לזכות להשתתף

להוציא דברי סיפור יציאת מצרים

של מורי ורבי הגאון זצוקללה״ה

שיהיו שפתותיו דובבות

להגיד לדורות של בנים – התלמידים

עד ביאת גואל צדק

ואז יזכה לקיים המצווה בימות המשיח

לזכרון נצח

לאות הכרת הטוב להורי היקרים

שקיימו בי ,,והגדת לבנך״ והדריכו אותי בדרך עץ החיים

אני מזכיר את שמם בהיכל ה׳

אבי מורי

ר׳ אלטער יוסף בן ר׳ שלום ז״ל

Joseph Jacobs

נפ׳ ג׳ מרחשון תשמ״ו

ואמי מורתי

מרת עטיא בת ר׳ אברהם מאיר ע״ה

Ethel Jacobs

נפ׳ ב׳ מנחם אב תשמ״ט

יהי זכרם ברוך

With dignity and much self-sacrifice my parents ז״ל maintained their loyalty to Torah in the Philadelphia of years ago, when people said it couldn't be done — but they did! With unyielding commitment, with reverence for Torah and its Sages, and with warm hearts and open hands, they chiseled a life of firm Torah observance from the granite of twentieth century America.

בתור ברא מזכה אבא

יצחק (Jerry) דזשייקאבס

תשורת שי לזכות זכרון לנפש

רפאל יצחק בן אפרים ליפר ז״ל

Raphael I. Laifer

נפטר כ״ז טבת תש״נ

אנחנו משתתפים להפיץ ספר זה

שבו יתקיים מצות

זכור היום שיצאתם ממצרים

מאת

אשתו מרת מלכה תחי׳

בנו אפרים ורעיתו חיה פעשא שיחיו

ונכדיו אריה ורעיתו חנה אסתר שיחיו

ובתם תמר עטרה שתחי׳

אברהם חיים וכלתו יעל דפנה שיחיו

וטובה תחי׳

מצבת זכרון

ר׳ אליהו ב״ר אליעזר ז״ל
נפטר כ״ח שבט

וזוגתו יעטע בת ר׳ משה הכהן ע״ה
נפטרה יו״ד כסלו

ר׳ יוסף ב״ר שמעון ז״ל
נפטר י״ג מנחם אב

וזוגתו בילא בת ר׳ גדליה ע״ה
נפטרה ח׳ אדר

הילד אליהו צבי ב״ר יוסף שמעון ע״ה
נפטר י״ב מנחם אב

תנצב״ה

In honor of our dear parents

Isaac and Sylvia Forgash

May they be zoche to see nachas from
their children and grandchildren
and from the entire family.

May they also be zoche
to Arichas Yomim V'shonim

Mr. & Mrs. Jack Forgash
Mr. & Mrs. David Bruder

❧❀❧

לעילוי נשמת

יצחק בן ר׳ יהודה לייב ריבקין ז״ל
Irving Rivkin

נבל״ע ביום כ״ה בשבט תשמ״ו – February 3, 1986

Dedicated by

Mr. & Mrs. Jack Forgash
Mrs. Frances Rivkin
Dr. & Mrs. Jerome Taragin

children & grandchildren

משפחות: פורגש – ריבקין – טרגן

לע״נ

ריזל לאבעל ע״ה

נבל״ע ביום ט״ו בשבט ה׳תשנ״א

עמלתה היתה לעלות במעלות התורה ודרך ישראל סבא

For the z'chus of the Neshomoh of

Rheta Lobel ע״ה

Within the process of continued self-improvement, she opened her home and heart to many, who found her Hachnosas Orchim, kind words, and warm heart a source of strength and respect.

Her devotion to her husband and her children שיחיו, and her wishes that all strive for ever-higher levels in Yiddishkeit, gave her the strength and courage to fight for life with Emunoh and Bitachon.

Her love for Eretz Yisrael and her meticulousness in her response to requests for Tzedokoh, enhanced the very essence of her being.

May she be a מלצת טוב and a מלצת יושר for all of her family and friends and for all of Klal Yisroel, and may Moshiach Tzidkeinu come speedily, together with Tchiyas Hameisim, and may the name of Hashem be sanctified and glorified forever over the entire world.

Dedicated by

Her Husband and Children

Foreword

The Torah does not specifically command us to rejoice on Pesach, nor does it mention an obligation to include the orphans, widows, converts, and the needy in the celebration of Pesach, although these are mentioned with respect to the other festivals, and apply to Pesach as well.

The explanation is that on Pesach, no commandment to rejoice is needed — for it is obvious that we must rejoice. Pesach is the celebration of our deliverance from slavery, and our birth as a great nation prepared to accept Hashem's Torah and to enter Eretz Yisrael. The inclusion of the less fortunate in our festivities also requires no specific command, since we must learn from this Yom Tov that rich and poor are equal in God's eyes, and that all possessions belong to Him. Once this lesson is absorbed, one would be ashamed to celebrate lavishly without including the needy. These obligations are self-evident, and did not have to be explicitly stated.

With this thought, *Dorash Moshe* (a compilation from the rich legacy of Divrei Torah left us by the Rosh Yeshivah, HaGaon HaRav Rav Moshe Feinstein, זצ״ל, introduces the section devoted to Pesach. His many *drashos* on Pesach and the Haggadah span the gamut of Halachah and Hashkafah, providing us with insightful expositions relevant to all aspects of Jewish life.

It is with great pleasure that we present a selection of the Rosh Yeshivah's writings on the Haggadah. The intended purpose of this volume is twofold: First, to provide a concise, easy-to-read Haggadah for use at the Seder table, one that will place the Rosh Yeshivah's insights and explanations within reach of the English reader. In addition, the advanced student is presented with a compilation of the Rosh Yeshivah's Divrei Torah on the Haggadah in the original Hebrew, to enable him to study the actual words of the Rosh Yeshivah זצ״ל on the Haggadah, without having to peruse hundreds of pages of the Rosh Yeshivah's many Seforim, from which these Divrei Torah were gathered. In addition, several Divrei Torah from his unpublished writings are included. These will בע״ה be published in an upcoming volume of *Dorash Moshe* as well.

It must be stressed that the English adaptation is not a translation. The length and complexity of many of the Rosh Yeshivah's *drashos* would make a literal translation seem unwieldly and difficult to follow. Also, many of the longer *drashos* tangentially introduce other topics which are not within the scope of this volume. Therefore, only the parts of the *drashos* which are relevant to the Haggadah are included. This holds true for the Hebrew section as well — only the portions referring to the Haggadah are included.

The Divrei Torah in this volume came from essentially three sources: *Dorash Moshe*; the *Kol Ram* (volume 2); and the unpublished manuscripts of the Rosh Yeshivah זצ״ל. Several of the adaptations have been partially expanded upon by his sons, HaGaon Rav David Feinstein, שליט״א, and HaGaon Rav Reuven Feinstein, שליט״א, as heard from the Rosh Yeshivah, זצ״ל.

Acknowledgments

Reishis kol, I wish to dedicate the English portion of this Haggadah in memory of my father, ר׳ אהרן צבי ב״ר מאיר ז״ל, who, even during his final illness, encouraged me to begin and continue this work. May this *sefer* be a *zechus* for his *neshamah*.

A project such as this requires many hours of work, sometimes into the wee hours of the morning. I wish to thank my devoted wife Ahuva שתחי׳ for patiently listening, advising, typing, discussing, etc. Without her help, this *sefer* would not exist.

Nor would this project have come to fruition without the dedicated assistance of many people. I wish to thank my uncle, Rav David Feinstein, שליט״א, and my father-in-law, Rav Reuven Feinstein, שליט״א, for always being available to listen and advise, and for reading every word of the manuscript. Their guidance and tutelage is reflected in the finished product.

A special vote of thanks is due to Rabbi Meir Zlotowitz and to the editorial and technical staffs of Mesorah Publications — especially Rabbi Hillel Danziger and Rabbi Shimon Finkelman — for their superb job of molding the manuscript into a finished *sefer*.

I write these lines with deep feelings of *hakaras hatov* to *HaKadosh Baruch Hu*, — this project was aided by a great deal of *siyata dishmaya*. It is my fervent hope that this volume will help to bring the Torah of the Rosh Yeshivah, זצ"ל, to many more members of *Klal Yisrael*. May we be *zocheh* to learn his lessons well, and fulfill our positions as *Mamleches Kohanim V'Goy Kodosh* — in Yerushalayim, with the coming of Moshiach Ben Dovid and the rebuilding of the *Beis HaMikdash, Bimheirah B'Yomeinu Amein*.

Yosaif Asher Weiss

13 Adar, 5751
(Fifth yahrzeit of the Rosh Yeshivah זצ"ל)

the vayaged moshe haggadah

Preparing for Passover

1. בדיקת חמץ — The Search for Chametz

Aside from the commandment to eat matzah all of Passover and the special observances of the Seder nights, the best-known feature of the festival is the requirement not to eat, or even to own, chametz all during the festival. For many Jews, one of the most vivid memories of their childhood is the seemingly endless cleaning and scrubbing of their homes during the weeks and days before Passover.

Although no household can be thoroughly cleaned in only a short while, the Talmudic Sages ordained that a search for chametz be made in every home and business on one night of the year.

The search begins upon nightfall of the fourteenth day of Nissan, the evening before Passover. The purpose of the commandment is the removal of all chametz, and it requires a formal inspection of all areas where chametz may have been brought during the course of the year — despite the fact that a thorough cleaning was made before Passover. The search should be made by candlelight, and one may not speak until it is completed — except to give instructions or make inquiries directly relating to the search.

In years when Passover begins on Saturday night, the inspection is not conducted on the evening before Passover, for this would result in a desecration of the Sabbath. Instead, it is made on Thursday night and the chametz is burned Friday morning.

A widespread custom calls for the distribution of ten pieces of chametz through the house before the search (by someone other than the person conducting the search). Of course, care should be taken that the pieces do not leave crumbs, thereby defeating the purpose of the search.

Any chametz intended for that evening's supper or the next morning's breakfast must be set aside carefully. After eating, leftover chametz should be placed with whatever chametz may have been found in the evening. They will be burned the morning before Passover (except when Passover begins on Saturday night, in which case the chametz is burned Friday morning).

The chametz search is initiated with the recitation of the following blessing:

בָּרוּךְ אַתָּה יהוה, אֱלֹהֵינוּ מֶלֶךְ הָעוֹלָם, אֲשֶׁר קִדְּשָׁנוּ בְּמִצְוֹתָיו, וְצִוָּנוּ עַל בִּעוּר חָמֵץ.

Blessed are You, HASHEM, our God, King of the universe, Who has sanctified us with His commandments and has commanded us concerning the removal of chametz.

Upon completion of the chametz search, the chametz is wrapped well and set aside to be burned the next morning, and the following declaration is made. The declaration must be understood in order to take effect; one who does not understand the Aramaic text may recite it in English, Yiddish or any other language. Any chametz that will be used for that evening's supper or the next day's breakfast or for any other purpose prior to the final removal of chametz the next morning is not included in this declaration.

כָּל חֲמִירָא וַחֲמִיעָא דְּאִכָּא בִרְשׁוּתִי, דְּלָא חֲמִתֵּהּ וּדְלָא בִעַרְתֵּהּ וּדְלָא יְדַעְנָא לֵהּ, לִבָּטֵל וְלֶהֱוֵי הֶפְקֵר כְּעַפְרָא דְאַרְעָא.

Any chametz or leaven that is in my possession which I have not seen, have not removed and do not know about, should be annulled and become ownerless, like dust of the earth.

2. ביעור חמץ — Burning the Chametz

The following declaration, which includes all chametz without exception, is to be made after the burning of leftover chametz. It should be recited in a language which one understands. When Passover begins on Saturday night, this declaration is made on Saturday morning. Any chametz remaining from the Saturday morning meal is flushed down the drain before the declaration is made.

כָּל חֲמִירָא וַחֲמִיעָא דְּאִכָּא בִרְשׁוּתִי, דַּחֲזִתֵּהּ וּדְלָא חֲזִתֵּהּ, דַּחֲמִתֵּהּ וּדְלָא חֲמִתֵּהּ, דְּבִעַרְתֵּהּ וּדְלָא בִעַרְתֵּהּ, לִבָּטֵל וְלֶהֱוֵי הֶפְקֵר כְּעַפְרָא דְאַרְעָא.

Any chametz or leaven that is in my possession, whether I have recognized it or not, whether I have seen it or not, whether I have removed it or not, should be annulled and become ownerless, like dust of the earth.

3. עירוב תבשילין — Eruv Tavshilin

It is forbidden to prepare on Yom Tov for the next day even if that day is the Sabbath. If, however, Sabbath preparations were started before Yom Tov began, they may be continued on Yom Tov. Eruv Tavshilin constitutes this preparation. A matzah and any cooked food (such as fish, meat, or an egg) are set aside on the day before Yom Tov to be used on the Sabbath and the blessing is recited followed by the declaration [made in a language understood by the one making the Eruv].

If the first days of Passover fall on Thursday and Friday, an Eruv Tavshilin must be made on Wednesday.

בָּרוּךְ אַתָּה יהוה אֱלֹהֵינוּ מֶלֶךְ הָעוֹלָם, אֲשֶׁר קִדְּשָׁנוּ בְּמִצְוֹתָיו, וְצִוָּנוּ עַל מִצְוַת עֵרוּב.

Blessed are You, HASHEM, our God, King of the universe, Who has sanctified us with His commandments and has commanded us concerning the mitzvah of eruv.

בַּהֲדֵין עֵרוּבָא יְהֵא שָׁרֵא לָנָא לַאֲפוּיֵי וּלְבַשּׁוּלֵי וּלְאַטְמוּנֵי וּלְאַדְלוּקֵי שְׁרָגָא וּלְתַקָּנָא וּלְמֶעְבַּד כָּל צָרְכָּנָא, מִיּוֹמָא טָבָא לְשַׁבְּתָא [לָנָא וּלְכָל יִשְׂרָאֵל הַדָּרִים בָּעִיר הַזֹּאת].

Through this eruv may we be permitted to bake, cook, insulate, kindle flame, prepare, and do anything necessary on the Festival for the sake of the Sabbath [for ourselves and for all Jews who live in this city].

4. הדלקת הנרות — Lighting the Candles

The candles are lit and the following blessings are recited. When Yom Tov falls on the Sabbath, the words in parentheses are added.

בָּרוּךְ אַתָּה יהוה אֱלֹהֵינוּ מֶלֶךְ הָעוֹלָם, אֲשֶׁר קִדְּשָׁנוּ בְּמִצְוֹתָיו, וְצִוָּנוּ לְהַדְלִיק נֵר שֶׁל [שַׁבָּת וְשֶׁל] יוֹם טוֹב.

Blessed are You, HASHEM, our God, King of the universe, Who has sanctified us with His commandments, and has commanded us to kindle the light of [the Sabbath and of] the Festival.

בָּרוּךְ אַתָּה יהוה אֱלֹהֵינוּ מֶלֶךְ הָעוֹלָם, שֶׁהֶחֱיָנוּ וְקִיְּמָנוּ וְהִגִּיעָנוּ לַזְּמַן הַזֶּה.

Blessed are You, HASHEM, our God, King of the universe, Who has kept us alive, sustained us, and brought us to this season.

It is customary to recite the following prayer after the kindling.
The words in brackets are included as they apply.

יְהִי רָצוֹן לְפָנֶיךָ, יהוה אֱלֹהַי וֵאלֹהֵי אֲבוֹתַי, שֶׁתְּחוֹנֵן אוֹתִי [וְאֶת אִישִׁי, וְאֶת בָּנַי, וְאֶת בְּנוֹתַי, וְאֶת אָבִי, וְאֶת אִמִּי] וְאֶת כָּל קְרוֹבַי; וְתִתֶּן לָנוּ וּלְכָל יִשְׂרָאֵל חַיִּים טוֹבִים וַאֲרוּכִים; וְתִזְכְּרֵנוּ בְּזִכְרוֹן טוֹבָה וּבְרָכָה; וְתִפְקְדֵנוּ בִּפְקֻדַּת יְשׁוּעָה וְרַחֲמִים; וּתְבָרְכֵנוּ בְּרָכוֹת גְּדוֹלוֹת; וְתַשְׁלִים בָּתֵּינוּ; וְתַשְׁכֵּן שְׁכִינָתְךָ בֵּינֵינוּ. וְזַכֵּנִי לְגַדֵּל בָּנִים וּבְנֵי בָנִים חֲכָמִים וּנְבוֹנִים, אוֹהֲבֵי יהוה, יִרְאֵי אֱלֹהִים, אַנְשֵׁי אֱמֶת, זֶרַע קֹדֶשׁ, בַּיהוה דְּבֵקִים, וּמְאִירִים אֶת הָעוֹלָם בַּתּוֹרָה וּבְמַעֲשִׂים טוֹבִים, וּבְכָל מְלֶאכֶת עֲבוֹדַת הַבּוֹרֵא. אָנָּא שְׁמַע אֶת תְּחִנָּתִי בָּעֵת הַזֹּאת, בִּזְכוּת שָׂרָה וְרִבְקָה וְרָחֵל וְלֵאָה אִמּוֹתֵינוּ, וְהָאֵר נֵרֵנוּ שֶׁלֹּא יִכְבֶּה לְעוֹלָם וָעֶד, וְהָאֵר פָּנֶיךָ וְנִוָּשֵׁעָה. אָמֵן.

May it be Your will, HASHEM, my God and God of my forefathers, that You show favor to me [my husband, my sons, my daughters, my father; my mother] and all my relatives; and that You grant us and all Israel a good and long life; that You remember us with a beneficent memory and blessing; that You consider us with a consideration of salvation and compassion; that You bless us with great blessings; that You make our households complete; that You cause Your Presence to dwell among us. Privilege me to raise children and grandchildren who are wise and understanding, who love HASHEM and fear God, people of truth, holy offspring, attached to HASHEM, who illuminate the world with Torah and good deeds and with every labor in the service of the Creator. Please, hear my supplication at this time, in the merit of Sarah, Rebecca, Rachel, and Leah, our mothers, and cause our light to illuminate that it be not extinguished forever, and let Your countenance shine so that we are saved. Amen.

The Seder Plate

The Seder preparations should be made in time for the Seder to begin as soon as the synagogue services are finished. It should not begin before nightfall, however. Matzah, bitter herbs and several other items of symbolic significance are placed in either of the arrangements shown below. [❖ The Rosh Yeshivah, זצ"ל, followed the arrangement of the *Rama*, but used only two matzos in accordance with the *Vilna Gaon*.]

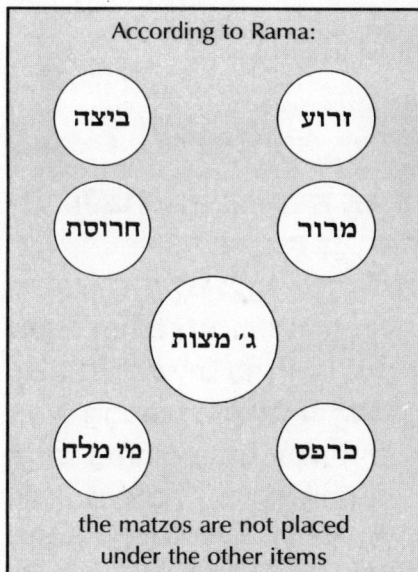

According to Rama:

ביצה | זרוע
חרוסת | מרור
ג' מצות
מי מלח | כרפס

the matzos are not placed
under the other items

According to Arizal:

ביצה | זרוע
כרפס | מרור | חרוסת
חזרת

ג' מצות

the matzos are placed
under the other items

מצה / **Matzah** — Three whole matzos [❖ the Rosh Yeshivah, זצ״ל, used only two] are placed one atop the other, separated by a cloth or napkin. Matzah must be eaten three times during the Seder, by itself, with maror, and as the Afikoman. Each time, the minimum portion of matzah for each person should have a volume equivalent to half an egg. Where many people are present, enough matzos should be available to enable each participant to receive a proper portion.

מרור / **Maror** and חזרת / **Chazeres** — Bitter herbs are eaten twice during the Seder, once by themselves and a second time with matzah. Each time a minimum portion, equal to the volume of half an egg should be eaten. The Talmud lists several vegetables that qualify as maror, two of which are put on the Seder plate in the places marked chazeres and maror. Most people use romaine lettuce (whole leaves or stalks) for chazeres and horseradish (whole or grated) for maror, although either may be used for the mitzvah of eating maror later in the Seder.

חרוסת / **Charoses** — The bitter herbs are dipped into charoses (a mixture of grated apples, nuts, other fruit, cinnamon and other spices, mixed with red wine). The charoses has the appearance of mortar to symbolize the lot of the Hebrew slaves, whose lives were embittered by hard labor with brick and mortar.

זרוע / **Z'roa** [Roasted Bone] and ביצה / **Beitzah** [Roasted Egg] — On the eve of Passover in the Holy Temple in Jerusalem, two sacrifices were offered and their meat roasted and eaten at the Seder feasts. To commemorate these two sacrifices we place a roasted bone (with some meat on it) and a roasted hard-boiled egg on the Seder plate.

The egg, a symbol of mourning, is used in place of a second piece of meat as a reminder of our mourning at the destruction of the Temple — may it be rebuilt speedily in our day.

כרפס / **Karpas** — A vegetable (celery, parsley, boiled potato) other than bitter herbs completes the Seder plate. It will be dipped in salt water and eaten. (The salt water is not put on the Seder plate, but it, too, should be prepared beforehand, and placed near the Seder plate.)

The Order of the Seder

The Seder ritual contains fifteen observances, which have been summarized in a familiar rhyme: **Kaddesh, Urechatz, Karpas, Yachatz,** and so on. Aside from its convenience as a memory device, the brief formula has been given various deeper interpretations over the years. Accordingly, many people recite the appropriate word from the rhyme before performing the mitzvah to which it applies — קַדֵּשׁ, *Kaddesh*, before *Kiddush*, וּרְחַץ, before washing the hands, and so on.

KADDESH	Sanctify the day with the recitation of Kiddush.	קדש
URECHATZ	Wash the hands before eating Karpas.	ורחץ
KARPAS	Eat a **vegetable** dipped in salt water.	כרפס
YACHATZ	**Break** the middle* matzah. Put away the larger half for Afikoman.	יחץ
MAGGID	**Narrate** the story of the Exodus from Egypt.	מגיד
RACHTZAH	**Wash** the hands prior to the meal..	רחצה
MOTZI	Recite the blessing, **Who brings forth,** over matzah as a food.	מוציא
MATZAH	Recite the blessing over **matzah.**	מצה
MAROR	Recite the blessing for the eating of the **bitter herbs.**	מרור
KORECH	Eat the **sandwich** of matzah and bitter herbs.	כורך
SHULCHAN ORECH	The **table prepared** with the festive meal.	שלחן עורך
TZAFUN	Eat the Afikoman which had been **hidden** all during the Seder.	צפון
BARECH	Recite Bircas Hamazon, the **blessings** after the meal.	ברך
HALLEL	Recite the **Hallel** Psalms of praise.	הלל
NIRTZAH	Pray that God **accept** our observance and speedily send the Messiah.	נרצה

[❖ The Rosh Yeshivah, זצ״ל, who used only two matzos, would break the top matzah.]

קדש

Kiddush should be recited and the Seder begun as soon after synagogue services as possible — however, not before nightfall. Each participant's cup should be poured by someone else to symbolize the majesty of the evening, as though each participant had a servant. Each of the four cups must be free of cracks, filled to the top, and must hold at least a *reviis.*

On Friday night begin here:

(וַיְהִי עֶרֶב וַיְהִי בֹקֶר)

יוֹם הַשִּׁשִּׁי: וַיְכֻלּוּ הַשָּׁמַיִם וְהָאָרֶץ וְכָל צְבָאָם. וַיְכַל אֱלֹהִים בַּיּוֹם הַשְּׁבִיעִי מְלַאכְתּוֹ אֲשֶׁר עָשָׂה, וַיִּשְׁבֹּת בַּיּוֹם הַשְּׁבִיעִי מִכָּל מְלַאכְתּוֹ אֲשֶׁר עָשָׂה. וַיְבָרֶךְ אֱלֹהִים אֶת יוֹם הַשְּׁבִיעִי וַיְקַדֵּשׁ אֹתוֹ, כִּי בוֹ שָׁבַת מִכָּל מְלַאכְתּוֹ אֲשֶׁר בָּרָא אֱלֹהִים לַעֲשׂוֹת.[1]

KIDDUSH CONTINUES ON THE NEXT PAGE.

בענין ד׳ כוסות

מה שעל והבאתי לא תיקנו חיוב כוס אלא אם ירצה להוסיף בשביל זה רשאי, נראה דאף שודאי ענין גדול הוא נחלת הארץ, אבל עיקר העיקרים מה שהשי״ת הוציאנו בכלל מלהיות ככל הגוים, שבעצם חזינן מנוסח תפלת אתה אחד ומי כעמך ישראל גוי אחד שלכאורה פירוש אחד של השי״ת הוא אחד ממש שליכא כלל עוד יראה אחרת אף לא פחותה וגרועה, ואחד

◆§ The Four Cups

The four cups of wine that we drink at the *Seder* correspond to the four expressions of a *ge'ulah* (redemption) which God uttered prior to the first of the Ten Plagues (*Ex.* 6:6-7; see *Shemos Rabbah* 6:5; see also *Rashi* to *Pesachim* 99b). In fact, there is a fifth expression of a *ge'ulah* mentioned there: וְהֵבֵאתִי, *"And I shall bring* [you to the land of *Eretz Yisrael*]." However, the Sages did not require a fifth cup to commemorate it (see *Rosh*, *Pesachim* 10:33). Our custom is to pour a fifth cup, (the cup of Elijah), which is placed upon the *Seder* table but is not drunk.

The reason that וְהֵבֵאתִי was not accorded the same status as the other four expressions is that the entering into *Eretz Yisrael*, while of major significance, was not the primary purpose of the Exodus. The primary purpose was to make the Jewish people a nation apart from all others.

The uniqueness of *Klal Yisrael* as a nation apart is alluded to in the *Minchah Shemoneh Esrei* of *Shabbos*, in which we say: אַתָּה אֶחָד וְשִׁמְךָ אֶחָד וּמִי כְּעַמְּךָ יִשְׂרָאֵל גּוֹי אֶחָד בָּאָרֶץ, *You* [God] *are One, and Your Name*

KADDESH

Kiddush should be recited and the Seder begun as soon after synagogue services as possible — however, not before nightfall. Each participant's cup should be poured by someone else to symbolize the majesty of the evening, as though each participant had a servant. Each of the four cups must be free of cracks, filled to the top, and must hold at least a *reviis*.

On Friday night begin here:

(And there was evening and there was morning)

יוֹם הַשִּׁשִּׁי: The sixth day. Thus the heaven and the earth were finished, and all their array. On the seventh day God completed His work which He had done, and He abstained on the seventh day from all His work which He had done. God blessed the seventh day and hallowed it, because on it He abstained from all His work which God created to make.[1]

KIDDUSH CONTINUES ON THE NEXT PAGE.

1. *Genesis* 1:31-2:3.

דישראל הא איכא שבעים אומות שנמצא שצריך לפרש גוי אחד המובחר שלא שייך באתה אחד, וצריך לומר דבאמת החילוק דשבעים אומות אינו כהראוי, דכולם הם בני אב אחד מאדם הראשון ובשביל זה נברא אדם יחידי בשביל שלום הבריות שלא יאמר אדם לחבירו אבא גדול מאביך, וחילוק האומות הרי הוא סותר לתכלית זו אבל מפני החטא דדור הפלגה נחלקו לאומות, והוא חסרון לעולם שמין האדם שנברא לישוב העולם נענשו

is One; and who is like Your people Israel, one nation on earth.'' Apparently, there would seem to be a discrepancy between the use of the term אֶחָד, *one*, as associated with God and as associated with *Klal Yisrael*. Hashem is One and absolutely unique, whereas *Klal Yisrael* is one in that it is supreme among the world's many lesser but similar nations.

In truth, the world as we know it, with its conglomeration of nations, is not in its ideal state. At the time of Creation, there was to have been only one nation descending from one man, Adam, so that mankind could exist in total peace and harmony. However, when the people of the *Dor Haflagah* (Generation of the Dispersion) gathered to oppose the will of God (*Bereishis* ch. 11), He scattered them and caused many nations to be formed. This situation, though contrary to the purpose of Creation, was mankind's punishment, and resulted in a history of many wars and much destruction.

Among all the nations, God chose *Klal Yisrael* to be a holy people. While the function of the rest of mankind is to inhabit and develop the

On all nights other than Friday, begin here;
on Friday night include all passages in parentheses.

סַבְרִי מָרָנָן וְרַבָּנָן וְרַבּוֹתַי:

בָּרוּךְ אַתָּה יהוה אֱלֹהֵינוּ מֶלֶךְ הָעוֹלָם, בּוֹרֵא פְּרִי הַגָּפֶן:

בָּרוּךְ אַתָּה יהוה אֱלֹהֵינוּ מֶלֶךְ הָעוֹלָם, אֲשֶׁר בָּחַר בָּנוּ מִכָּל עָם, וְרוֹמְמָנוּ מִכָּל לָשׁוֹן, וְקִדְּשָׁנוּ בְּמִצְוֹתָיו. וַתִּתֶּן לָנוּ יהוה אֱלֹהֵינוּ בְּאַהֲבָה [שַׁבָּתוֹת לִמְנוּחָה וּ]מוֹעֲדִים לְשִׂמְחָה, חַגִּים וּזְמַנִּים לְשָׂשׂוֹן, אֶת יוֹם [הַשַּׁבָּת הַזֶּה וְאֶת יוֹם] חַג הַמַּצּוֹת הַזֶּה, זְמַן חֵרוּתֵנוּ [בְּאַהֲבָה] מִקְרָא קֹדֶשׁ, זֵכֶר לִיצִיאַת מִצְרָיִם, כִּי בָנוּ בָחַרְתָּ וְאוֹתָנוּ קִדַּשְׁתָּ מִכָּל הָעַמִּים, [וְשַׁבָּת] וּמוֹעֲדֵי קָדְשֶׁךָ [בְּאַהֲבָה וּבְרָצוֹן] בְּשִׂמְחָה וּבְשָׂשׂוֹן הִנְחַלְתָּנוּ. בָּרוּךְ אַתָּה יהוה, מְקַדֵּשׁ [הַשַּׁבָּת וְ]יִשְׂרָאֵל וְהַזְּמַנִּים.

KIDDUSH CONTINUES ON THE NEXT PAGE.

להתחלק זה מזה שמביא זה למלחמות וחורבן בעולם, אבל בחר השי״ת בישראל שהם יהיו לעם קדוש שזהו תכלית חשיבות היותם לגוי שהוא יתרון על ענין מין אדם שנברא לישוב העולם שילמדו בעולם איך להתנהג במעשים ובאמונה בהשי״ת שלתכלית זה הוא ממש ישראל עם אחד וליכא אף פחותים מהם, ולתכלית זה הוציא ה׳ ממצרים ולא עזרם שיהיו להם טוב גם

earth, *Klal Yisrael's* mission is to be a light unto mankind, demonstrating for all the proper way in deed and attitude, and faith in the true God. In this respect, the Jewish nation is *one* of a kind, for no other nation is endowed with a *national* mission for which its individual nationhood is an ideal state, and no other people is commissioned with this lofty mission even in a lesser sense. Thus, *Klal Yisrael* is truly גוי אֶחָד, the one and *unique* nation.

For the Jewish people to realize their mission, it was necessary that they be taken out of Egypt. It would not have been sufficient to merely end their oppression and let them remain in Egypt, for such a nation could not thrive amidst the corruption and impurity of Egyptian society.

On all nights other than Friday, begin here;
on Friday night include all passages in parentheses.

By your leave, my masters and teachers:

בָּרוּךְ Blessed are You, HASHEM, our God, King of the universe, Who creates the fruit of the vine.

בָּרוּךְ Blessed are You, HASHEM, our God, King of the universe, Who has chosen us from all nations, exalted us above all tongues, and sanctified us with His commandments. And You, HASHEM, our God, have lovingly given us (Sabbaths for rest), appointed times for gladness, feasts and seasons for joy, (this Sabbath and) this Feast of Matzos, the season of our freedom (in love,) a holy convocation in memoriam of the Exodus from Egypt. For You have chosen and sanctified us above all peoples, (and the Sabbath) and Your holy festivals (in love and favor), in gladness and joy have You granted us as a heritage. Blessed are You, HASHEM, Who sanctifies (the Sabbath,) Israel, and the festive seasons.

KIDDUSH CONTINUES ON THE NEXT PAGE.

במצרים שזהו היה טעות המתלוננים על מה שהוציאם ממצרים דודאי לא רצו להיות עבדים לפרעה אבל התלוננו על מה שלא עזרם במצרים גופא, אבל היה זה כדי לעשותם לגוי שא״א לזה להיות בעירוב רשעים שטופי זמה וכל התועבות וטוב לזה שיהיו בטח בדד במלכות ישראל ע״י מלכים כדוד ושלמה ושופטים הנביאים הצדיקים ובמקום השראת השכינה בביהמ״ק

The creation of *Klal Yisrael* as a גּוֹי קָדוֹשׁ, *holy nation*, was accomplished with the Exodus. They were brought to *Eretz Yisrael* in order that they maintain this lofty status. There, they would be led by the righteous judges and prophets, and kings such as David and Solomon. There the *Shechinah* (Divine Presence) would manifest itself in the *Beis HaMikdash*. The land and its blessings would be most conducive for the flourishing of a pure and holy nation.

Being brought to *Eretz Yisrael* was a truly great gift, for which we are definitely obligated to thank God. However, since the entry into the Land was only a means to preserve the status already achieved at the time of the Exodus, the Sages did not require the drinking of a cup

On Saturday night, add the following two paragraphs.

בָּרוּךְ אַתָּה יהוה אֱלֹהֵינוּ מֶלֶךְ הָעוֹלָם, בּוֹרֵא מְאוֹרֵי הָאֵשׁ.

בָּרוּךְ אַתָּה יהוה אֱלֹהֵינוּ מֶלֶךְ הָעוֹלָם, הַמַּבְדִּיל בֵּין קֹדֶשׁ לְחוֹל, בֵּין אוֹר לְחֹשֶׁךְ, בֵּין יִשְׂרָאֵל לָעַמִּים, בֵּין יוֹם הַשְּׁבִיעִי לְשֵׁשֶׁת יְמֵי הַמַּעֲשֶׂה. בֵּין קְדֻשַּׁת שַׁבָּת לִקְדֻשַּׁת יוֹם טוֹב הִבְדַּלְתָּ, וְאֶת יוֹם הַשְּׁבִיעִי מִשֵּׁשֶׁת יְמֵי הַמַּעֲשֶׂה קִדַּשְׁתָּ, הִבְדַּלְתָּ וְקִדַּשְׁתָּ אֶת עַמְּךָ יִשְׂרָאֵל בִּקְדֻשָּׁתֶךָ. בָּרוּךְ אַתָּה יהוה, הַמַּבְדִּיל בֵּין קֹדֶשׁ לְקֹדֶשׁ.

On all nights conclude here:

בָּרוּךְ אַתָּה יהוה אֱלֹהֵינוּ מֶלֶךְ הָעוֹלָם, שֶׁהֶחֱיָנוּ וְקִיְּמָנוּ וְהִגִּיעָנוּ לַזְּמַן הַזֶּה.

The wine should be drunk without delay while reclining on the left side. It is preferable to drink the entire cup, but at the very least, most of the cup should be drained.

ורחץ

All participants in the Seder wash their hands as if to eat bread, [pouring water from a cup, twice on the right hand and twice on the left] but without reciting a blessing.

כרפס

All participants take a vegetable other than maror and dip it into salt-water. A piece smaller in volume than a *kezayis* should be used. The following blessing is recited [with the intention that it also applies to the maror which will be eaten during the meal] before the vegetable is eaten.

בָּרוּךְ אַתָּה יהוה אֱלֹהֵינוּ מֶלֶךְ הָעוֹלָם, בּוֹרֵא פְּרִי הָאֲדָמָה.

יחץ

The head of the household breaks the middle matzah in two. He puts the smaller part back between the two whole matzos, and wraps up the larger part for later use as the Afikoman. [⁘ The Rosh Yeshivah, זצ״ל, who used only two matzos, would break the top matzah for the Afikoman.] Some briefly place the Afikoman portion on their shoulders, in accordance with the Biblical verse recounting that Israel left Egypt carrying their matzos on their shoulders, and say, בִּבְהִלוּ יָצָאנוּ מִמִּצְרָיִם, *'In haste we went out of Egypt.'*

והוא לתכלית שיתקיים העיקר שיהיו לגוי קדוש שזה היה בהוצאה ממצרים שהוא בהד׳ לשונות שלכן זהו חובה אבל והבאתי שהוא כדי שיתקיים העיקר לא תיקנו לחוב אבל להודות לזה ודאי יש חיוב ולכן תיקנו שרשות יש לו גם להודות בשירה ע״י כוס. (מכת״י מרן זצוק״ל)

On Saturday night, add the following two paragraphs.

בָּרוּךְ Blessed are You, HASHEM, our God, King of the universe, Who creates the illumination of the fire.

בָּרוּךְ Blessed are You, HASHEM, our God, King of the universe, Who distinguishes between sacred and secular, between light and darkness, between Israel and the nations, between the seventh day and the six days of activity. You have distinguished between the holiness of the Sabbath and the holiness of a Festival, and have sanctified the seventh day above the six days of activity. You distinguished and sanctified Your nation, Israel, with Your holiness. Blessed are You, HASHEM, who distinguishes between holiness and holiness.

On all nights conclude here:

בָּרוּךְ Blessed are You, HASHEM, our God, King of the universe, Who has kept us alive, sustained us, and brought us to this season.

The wine should be drunk without delay while reclining on the left side. It is preferable to drink the entire cup, but at the very least, most of the cup should be drained.

URECHATZ

All participants in the Seder wash their hands as if to eat bread, [pouring water from a cup, twice on the right hand and twice on the left] but without reciting a blessing.

KARPAS

All participants take a vegetable other than maror and dip it into salt-water. A piece smaller in volume than a *kezayis* should be used. The following blessing is recited [with the intention that it also applies to the maror which will be eaten during the meal] before the vegetable is eaten.

בָּרוּךְ Blessed are You, HASHEM, our God, King of the universe, Who creates the fruits of the earth.

YACHATZ

The head of the household breaks the middle matzah in two. He puts the smaller part back between the two whole matzos, and wraps up the larger part for later use as the Afikoman. [∴ The Rosh Yeshivah, זצ״ל, who used only two matzos, would break the top matzah for the Afikoman.] Some briefly place the Afikoman portion on their shoulders, in accordance with the Biblical verse recounting that Israel left Egypt carrying their matzos on their shoulders, and say, בִּבְהִלוּ יָצָאנוּ מִמִּצְרָיִם, *'In haste we went out of Egypt.'*

---

of wine to commemorate it. The four expressions of *geulah*, however, represent the actual creation of *Klal Yisrael*, and thus we are required to commemorate them with the four cups.

מגיד

The broken matzah is lifted for all to see and the participants begin the recitation of the Haggadah with the following brief explanation of the proceedings.

הָא לַחְמָא עַנְיָא דִי אֲכָלוּ אַבְהָתָנָא בְּאַרְעָא דְמִצְרָיִם. כָּל דִּכְפִין יֵיתֵי וְיֵכוֹל, כָּל דִּצְרִיךְ יֵיתֵי

בענין הא לחמא עניא

צריך להבין בהקדמת ההגדה שתקנו לומר הא לחמא עניא די אכלו אבהתנא בארעא דמצרים השתא הכא לשנה הבאה בארעא דישראל וכו׳, טעם האמירה. ומאי שייך הא שמסיק השתא הכא וכו׳ לההתחלה דהא לחמא. ובהפטרת היום [שבת הגדול] וערבה לה׳ מנחת יהודה וירושלים כימי עולם וגו׳ [מלאכי ג ד], איתא במ״ר פ׳ צו [ז ד] ר׳ אומר כימי הבל שלא היתה ע״ז בימיו. וצריך להבין הכוונה בזה שאמר מנחת יהודה ולא שאר קרבנות. וגם מדוע מבקשין כימי נח והבל ולא לזמן אחר שנתקבלו הקרבנות לרצון בכבל ימות הצדיקים. והנה צריך להבין טעם גלות מצרים. . .

והנה הגלות האחרון הזה שנמשך זה אלף ותת״ס שנה, איתא בגמ׳ יומא [ט ב] שהוא על שנאת חנם, וכל דור שלא נבנה בימיו כאילו נחרב בימיו [ירושלמי שם פ״א ה״א], שהוא מחמת שעדיין מרקד בינן בעוה״ר, כדרואין אנו בעינינו שיש בנ״א שרוצים להרע ולהזיק לחברו

◆§ This is the Bread of Affliction

The Sages instituted that the mitzvah of *sipur yetzias Mitzrayim* (telling about the Exodus from Egypt) begin with this. An analysis of this paragraph raises some puzzling questions. What exactly is its message? The passage appears to consist of three unrelated segments. We begin by declaring that the matzah is the bread of affliction which our forefathers ate in Egypt. Abruptly, we extend an invitation: "Whoever is hungry — let him come and eat!" Finally, we end with a prayer: "Now, we are here; next year may we be in the Land of Israel. Now we are slaves; next year, may we be free men!" What is the common thread that binds these seemingly unrelated thoughts?

In the *haftarah* of *Shabbos HaGadol*, we read (*Malachi* 3:4) that after the coming of the Messiah, *the minchah-offering of Judah and Jerusalem will be pleasing to Hashem as in days of old and former years.* The Midrash explains: "days of old" refers to the days of Noah; "former years" refers to the days of Abel, who brought an offering to God before there was yet any idolatry in the world. The question arises: Why does the prophet emphasize the "*minchah* of Judah and Jerusalem" more

MAGGID

The broken matzah is lifted for all to see and the participants begin the recitation of the Haggadah with the following brief explanation of the proceedings.

הָא This is the bread of affliction that our fathers ate in the land of Egypt. Whoever is hungry — let him come and eat! Whoever is needy — let him come and celebrate

---

משום תועלת מדומה בלבד, וגם בלא צל תועלת לעצמו, וכל כוונתו רק להרע לחברו, ואף שמורגל בפי העולם הכתוב דמשלי [יז יז] ואח לצרה יולד, כששניהם בצרה אז נעשו אוהבים, ובעוה״ר בגלות הארוך המר הזה אשר יש עתים שכולם בצרה בחוסר פרנסה ובגזירות ומ״מ יש שמריעין זה לזה ושונאין איש את רעהו, ומחמת זה הוא אריכות הגלות המר, ולכן צריכין אנו לעיין בסיבת הדבר ובעצה איך לינצל מיצה״ר זה של שנאת חנם, ונשוב לפניו בתשובה שלימה ע״ז ועל כל עונותינו ואז ניגאל תיכף בישועת ה׳.

והנה סיבת השנאה לחברו הוא מצד מדות הרעות תאוה קנאה וכבוד, וכמאמר ר׳ אלעזר הקפר באבות [פ״ד מכ״א] הקנאה והתאוה והכבוד מוציאין את האדם מן העולם. ונבאר בפרטיות, דכשמתאוה מצד חומרו שהוא ככל הבע״ח איזה דבר שלא יכול להשיג אלא ע״י אחר ואינו נותן לו או אינו מסייעו אף מצד איזה אונס, נעשה שונאו בנפש, שנדמה לו שהוא המעכבו

---

than any of the other restored offerings? And why "as in the days of Noah and Abel" more than as in any other later period in history when God accepted the offerings of our righteous forebears? An understanding of the purpose of *golus* [exile] sheds light on this...

The Gemara (*Yoma* 9b) explains that the cause of this last exile, which has drawn out for nearly two thousand years, is our baseless hatred of one another. That we have not yet been redeemed shows that this grievous sin is still in our midst. If we analyze the basic causes for hatred and enmity, we find that they are rooted in the character traits of desire, envy and thirst for honor. For when one needs and desires something that his friend possesses, he comes to view the object's owner as the obstacle to the fulfillment of his desire. This leads to hatred and dispute, even to theft and murder. The same occurs when a person who possesses all his basic needs is envious of his friend's wealth or status or honored position. Hatred leads to feuding and can erupt into the most violent forms of battle. This is true of relationships between individuals, as well as between families and even entire nations.

The only real way to be cured of these negative passions which cause so much strife in the world is to ponder the futility of material wealth

וְיִפְסַח. הָשַׁתָּא הָכָא, לְשָׁנָה הַבָּאָה בְּאַרְעָא דְיִשְׂרָאֵל. הָשַׁתָּא עַבְדֵי, לְשָׁנָה הַבָּאָה בְּנֵי חוֹרִין.

להשיג תאותו, כמו מי שמתאוה לממון חברו או לאשת חברו וכדומה, נעשה שונאו, ויש שרודפהו אף בנפש ברציחה ומסירה ועלילות שקרים, או שגוזל ממנו כשיכול, ורוב גנבים וגזלנים מקולקלים בזה. וממילא כשמרגיש שפלוני רודפהו גם הוא נעשה שונאו ורודפהו כשיכול, ונמשך מזה מחלוקת נוראה, מתחלה ביניהם ואח״כ גם בין משפחת וקרובי זה עם קרובי זה עד שאפשר להיות בשנאה ומחלוקת זו רוב או כל בני העיר וגם בני עיר אחרת. וכן מדינה ומדינה כשמתאוה מושל מדינה אחת למשול גם בעוד חלק ארץ ששייך לאחרת מחמת שבחלק ההוא יש דברים שחסרים במדינתו וכדומה, נעשה מלחמה ונהרגים מזה אלפי אלפים אנשים בשביל תאוה אחת שהביא לשנאה זו שנמשך ממנה הרג רב וחורבן עולם נורא.

ועוד גרוע מזה מי שאין תאותו מצד טבעו בעצם, משום שאין חסר לו זה לפי רגילותו באכילה ושינה וכל צורכי החיים, אלא מצד קנאתו לחברו שרואה איך שחברו עשיר או חכם או גבור ממנו, או שרק דבר אחד יש לחברו מה שאין אצלו, ומקנא בו ורוצה להשיגו, וא״כ על ידי זה חברו המעכב בזה נעשה שונאו, ויש שרודפהו עד ש״ד ומחלוקת בין משפחות ומדינות. וזהו עוד גרוע שהרי חומרו שהוא ככל הבע״ח לא הי׳ מתאוה לזה, ורק מחמת שנתן לו

and accomplishment and to internalize the awareness that all comes from God — our health and material well-being, all our talents and positions in life. In this way, regardless of one's station in life, he will realize that this has been assigned to him by God to fulfill his mission in life, and he will be satisfied with his lot.

This is the lesson of the *minchah*-offering.

Indeed, every offering demonstrates that we offer to God what is in fact His. Though He has given it to us, we freely offer it up in His service. However, One finds it easier to feel this way about an animal. For even one who raises animals realizes that their birth, growth and development is largely the natural process created by God, with limited human input and assistance. Thus, upon offering an animal sacrifice, it is easier to feel that he merely offers to God what is already His. But in the case of flour, which one had to cultivate with a host of laborious processes — plowing, seeding, harvesting, threshing, grinding, sifting, etc. — there is a tendency to feel that the result is what the person himself has produced. Therefore, a person who can offer a meal offering

Pesach! Now, we are here; next year may we be in the Land of Israel! Now, we are slaves; next year may we be free men!

הקב״ה שכל משתמש בו להרע להבין איך שלחברו טוב יותר באיזה דבר ממנו ומקנא בו ומתאוה אז, וא״כ הוי עוד תחלת קלקולו בשכל החשוב שניתן באדם רק לתורה ומע״ט, והוא עוד קלקל בו את מעשיו להיות עוד גרוע מהבהמה.

ועוד גרוע מזה מי שאין לו מה לקנאות בחברו, אך שנדמה לו איך שהוא גדול מחבריו באיזה דבר בחכמה ביופי בעשירות ובגבורה, או שי״ל ממשלה קצת רוצה שיכבדוהו ומתגאה עליהם, וכשאין נכנעים תחתיו נעשה שונאם ורודפם ג״כ עד ש״ד ונעשה מריבה נוראה בין הרבה משפחות ומדינות.

והנה להרפא ממדות הרעות אלו שהם אבות הטומאה, הוא כשיתבונן איך שכל חיי הגשם הוא הבל הבלים, שאין מלוין לו לאדם כסף וזהב אלא תשובה ומע״ט בלבד [אבות פ״ו מ״ט], ואין מה להתאות ולקנא בהם. . .

והנה לתכלית קביעות זה שהכל אינו שלו אלא שכל גופו וקניניו וכחותיו הוא שייך לה׳, כדי שיקבע זה בלב האדם, ניתנה מצות קרבן מנחה. דהנה להבין שהבע״ח אינם שלו רק של הקב״ה הוא דבר קל אצל הרוצה להתבונן, דמהיכי תיתי יחשוב שהוא שלו הא לא עשה כלום בלידתו, דאם היו הפקר, ודאי שהיו מזדוגין זכר ונקבה ויולדות ולדות, וכן לא בגידולו דהא כמה בע״ח הם הפקר כמו החיות ומ״מ ניזונין, אף שלא ראיתי צבי קייץ

---

with true intent shows that he has learned to see even his own talents and efforts as but a gift of God, to be offered freely in His service.

Therefore, *Malachi* declares — and we use his words to conclude every *Shemoneh Esrei* — that the "*minchah*-offering ... will be pleasing to Hashem," as in the times of Abel and Noah when it was patently obvious that all comes from God, and the offerings truly reflected this powerful awareness. Thus, *all* their offerings could truly be termed *minchah*-offerings (see *Genesis* 4:4) — offerings par excellence. And thus we conclude our prayers with the plea that God should favorably accept the progress that we have made in acquiring this awareness that all is from Him as if it were complete. He should forgive our shortcomings in this area as resulting from the pains and pressures of the exile, which distract us from further contemplation and progress [this was written in Russia in 1928 — Ed.], and not attribute it to an unrepentant character on our part.

Thus, the sequence of thoughts in הָא לַחְמָא עַנְיָא can be explained as follows: We are presently suffering the deprivations of exile as we did long ago in Egypt. This powerful and painful awareness of our lack of

ושועל חנוני וארי סבל כרשב״א סוף קידושין, וא״כ ודאי שגם הבהמות היו ניזונים בלא בעלים, וגם על מזונותיו שנותן להם הם משלמים לו בכפלים דאינו זנם לתועלתם אלא לתועלת עצמו וא״כ איזה זכות יכול להיות לו בהבע״ח. ורק לגבי חברו הוא נחשב שלו מחמת שקנאו בכסף או בחזקה כדיני התורה שהעמידה גבולים ודינים בין איש לחברו, אבל לגבי הקב״ה אינו יכול לטעות כלום לחשוב שהוא שלו. אבל הקמח שנעשה בהרבה פעולות האדם, שכך גזרה חכמתו שהאדם יתקן בעצמו לעשות לחם בהרבה מלאכות, להשיג מתחלה הברזל ולעשות מחרישה במלאכות הרבה, כי צריך לזה גם כריתת עצים ולעשות פחמין ולהשיג אש ואח״כ לחרוש ולזרוע ולעשות רחיים לטחינה ונפה ואז נעשה סלת וכלי להחזיק הסלת, ולכן בזה קשה להאדם להבין שגם זה אינו שלו, כיון שנעשה זה במעשה האדם. אבל באמת גם זה אינו שלו אלא של הקב״ה, דכל הכח והשכל לעבוד כל העבודות האלו נתן לו הקב״ה, ואם רק כואבת לו אצבע אינו יכול לעבוד כלום, וכ״ש כשהוא חולה, ואף אם כבר זרע נותן הקב״ה כח הצמיחה ואח״כ השמירה שלא יקולקל, ואחר הקצירה לשמרו מגנבים וממסים ומכל הרפתקאות דיכולין לבא שיפסיד ממונו וכחו וגופו וכן בכל עבודה ועבודה. אך שבזה נקל לאדם לטעות. ולכן חזינן שרוב בעלי מלאכות אין נותנין כ״כ צדקה ומתעצלין לילך לדבר מצוה באמרם שאין להם פנאי, ואין מתבוננין שכל עתותיו של אדם בידי הקב״ה, שאם ח״ו אירע לו איזה חולי אינו יכול לעשות כלום ובע״כ יהיה לו פנאי.

ולכן אמר כי תקריב קרבן מנחה דוקא סלת יהי׳ קרבנו, שבזה יש קצת שייכות לאדם והוא מראה בזה שהוא של ה׳. ומטעם זה גם תפלת צהרים דוקא נקרא בשם מנחה, שזה שמניח אז עבודתו לכבוד ה׳ נקרא בשם מנחה, ונסתלקה קושית תוס׳ בפסחים [קז א ד״ה סמוך] עיי״ש. ולהורות לו שאינו

---

independence should have succeeded in destroying the barriers of desire and envy that stood in the way of our innate love and concern for our fellow Jews, and we should have experienced a flood of compassion and concern for those who are even less fortunate than we (כָּל דִּכְפִין יֵיתֵי וְיֵכוּל). Yet, we see that this has in fact *not* happened. Indifference to the plight of others is still rampant among us. But please, God, understand

מתנה גמורה משלו אלא שהוא של הקב״ה, דאל״כ אין זה מעלה ולא הי׳ נתקבל ברצון דאדרבה הוא מקולקל, לצורך לימוד זה צוה הקב״ה שיעשו הגשה קודם העבודות, מה שאין זה בכל הקרבנות. שהוא אומר בזה הרי שלך לפניך שהכל שלך ואז הורצה לעשות העבודות. . .

. . . ולכן אמר מלאכי [ג ד], ומבקשין זה אחר כל תפלה, וערבה לה׳ מנחת יהודה וירושלים, פי׳ זה שקבלנו תועלת מהגלות ע״י הצרות, הוא שיודעין אנו כבר שהכל הוא לה׳, ואף שאולי הרבה בנ״א עדיין מרופפין מצד הצרות שאין פנאי להתבונן וא״כ יש עדיין אפשר קצת דעה אחרת, אבל מ״מ קצת ההתעוררות שיש לנו יחשב מצד הנסיון למנחה גמורה ויערב לה׳ כימי עולם שהוא כימי נח, וכשנים קדמוניות שהוא כימי הבל, שאף שהקריבו זבחים מ״מ מאחר שלא היתה ע״ז בימיו והי׳ לבם שלם לה׳ באמונה גמורה שלא חשב כלל ששייך איזה דבר להם, וכ״ש נח שראה שהכל לה׳, ולכן ידע הקב״ה איך שאמונתם גדולה מאד בלי פקפוק, וקרא אף הזבחים שלהם בלשון מנחה שידע ששעבדו הכל להשי״ת. . .

וזהו שאנו אומרין הא לחמא עניא, פי׳ הלא גם עתה בגלות הארוך הזה אנו כולנו בעוני ובצרה כמו בארעא דמצרים, וא״כ הי׳ צ״ל שנהי׳ כולנו יחד בשלום ונבקש טובת כל אחד ולעזור במה שיכולין, ולומר כל דכפין ייתי וייכול וכל דצריך ייתי ויפסח, ומ״מ אנו רואין שאינו כן בעוה״ר. אנו משיבין שח״ו לא מצד רשעתנו, דאדרבה אנו יודעין כבר שהכל לה׳, אלא מרוב הצרות אין פנאי אף לחשוב אודות חברינו, שהוא מחמת השתא הכא, אבל לשנה הבאה בארעא דישראל, אז נהי׳ כולנו באהבה ואחוה, ומפרש משום שהשתא עבדי מרוב הצרות אין פנאי להתבונן בכלום אבל בארעא דישראל נהי׳ בני חורין בב״א.

(דרש משה דרוש י״א)

---

that this is not the result of evil character. We have indeed learned the lessons of exile. Rather, הָשַׁתָּא הָכָא, it is because we are presently here in the persecution and misery of exile, *preoccupied* with our own plight, that we often neglect the needs of the less fortunate. But were we to be redeemed and returned to the peace and security of our Land, love and brotherhood would indeed reign among us.

The Seder plate is covered and the second of the four cups of wine is poured.
The youngest present asks the "Four Questions" regarding the unusual proceedings of the evening.

מַה נִּשְׁתַּנָּה הַלַּיְלָה הַזֶּה מִכָּל הַלֵּילוֹת?

שֶׁבְּכָל הַלֵּילוֹת אָנוּ אוֹכְלִין חָמֵץ וּמַצָּה,
הַלַּיְלָה הַזֶּה – כֻּלּוֹ מַצָּה.

בענין מה נשתנה

... הנה בודאי כל אחד מתמה בלבבו למה אנו עושין עתה בגלותנו בעוה״ר את חג הפסח בשמחה במצה ויין ומסובין כמלך ומלכה ואומרין הלל. איברא דהבן שואל מה נשתנה מתרצין לו שעבדים היינו במצרים ויוציאנו ה׳ משם, ואומרין לו עוד אולי תקשה עכ״פ איזה שמחה הוא לנו, תדע בני שאלו לא הוציא ה׳ את אבותינו ממצרים הרי אנו ובנינו וב״ב משועבדים היינו לפרעה במצרים. הנה תירוץ זה שפיר כשהיינו בא״י איש תחת גפנו ואיש תחת תאנתו ובית המקדש בנוי וכהנים בעבודתם וישראל מתאספין ג׳ פעמים בשנה, ונמצא שניצלנו מהגלות שהי״ל במצרים, שהוא בד׳ דברים...

... משא״כ עתה שאנו בגלות זה אלף ותתנ״ד שנה בצרות מרובות, כל העת בגלות ממקום למקום, והיינו ללעג וקלס וסר כבוד האומה וכבוד היחיד ברוב הזמנים לא יחשבו כלל אותנו לאנשים, וצרות הגוף נורא מאד, חוסר הפרנסה שנטלו ממנו כל מקור החיים, ורק מפרנסת המסחר, וג״ז דוחקים מאד בכמה גזרות, ויותר על כלנה גלות הרוח, שלבד הגזרות המרובות שהיו עלינו ניתוסף זה שהרבה מושפעים מצד שהממשלה היא ביד הרשעים, אף שאין

☙ The Four Questions [I]

[From a *Shabbos HaGadol derashah* (discourse) delivered by the Rosh Yeshivah, זצ״ל, in Luban, Russia, in 1932.]

One surely wonders in his heart why in this bitter *galus* we celebrate the *Yom Tov* of Pesach joyfully, with matzah and wine, reclining royally, and reciting Hallel. True, this seems to be explained in our response to the child's asking the *Mah Nishtanah*. We reply, "We were slaves to Pharaoh in Egypt, but Hashem, our God, took us out from there with a mighty hand and an outstretched arm." We explain further that, had God not taken our fathers out of Egypt, then we, our children, and our children's children would have remained enslaved to Pharaoh in Egypt."

However, this answer seems appropriate for when the Jewish nation was in *Eretz Yisrael*, each person on his ancestral lands, with the *Beis HaMikdash* standing and the nation in all its glory. Then, we could

The Seder plate is covered and the second of the four cups of wine is poured.
The youngest present asks the "Four Questions" regarding the unusual proceedings of the evening.

מַה נִּשְׁתַּנָּה Why is this night different from all other nights?

1. On all other nights we may eat chametz and matzah, but on this night — only matzah.

כלל להביט עליהם לפי השכל שהם
רוצחים פשוטים ולקחו בזרוע, כדאיתא
בסוף סוטה משחרב ביהמ"ק בושו
חברים וחפו בני חורין וגברו בעלי זרוע
ובעלי לשון, ומ"מ טבעו של אדם לילך
בעינים סתומות לזה שהממשלה בידו,
ומצד זה רוח התורה נתמעט מהרבה
בנ"א בעוה"ר. וא"כ תמוה מה לנו
לשמוח ביציאת מצרים, מה לנו פרעה
ומה לנו הגלות הקשה הזה. שמא תאמר
שגלות מצרים הי' קשה מזה שפרעה
צוה להשליך תינוקות ליאור ועתה אין
עושין כן, אבל כשנעיין, גם בזה גרוע
גלות זה שפרעה לא השליך אלא
תנוקות שאין להם עדיין טעם החיים

ואין להם צער המיתה כ"כ, וגם האבות
עדיין אין אהבתם גדולה כ"כ לבן
שנולד זה עתה, שעדיין אין יודעין אם
יגדל ואם כדאי החיים לפניו, שיש
הרבה שמצטערין מחייהם, כגון איוב
שקלל את יומו, ולכן אין צערם גדול
כ"כ. אבל בימינו השליכו לחרב ולכל
מיני הריגות גדולים וקטנים זקנים ונשים
שכבר טעמו טעם החיים, וגם יש
שנשארו יתומים, שצער האבות
שנהרגים אין לשער לבד צער עצמן גם
צער הבנים, בודאי שעוד גרוע מפרעה.
עוד נמצא על פרעה, שכשנצטרע
נתרפא מדם תנוקות של ישראל, וגם
עתה נמצא כזה, שבזה שחושבין שאם

---

rejoice in having been rescued from a bitter exile through wondrous Redemption. However, we have been in *galus* (exile) for one thousand, eight hundred and fifty-four years. During this period, we endured untold suffering, were uprooted and forced to wander from place to place. We are the objects of the gentile's scorn; both as a nation and as individuals, we are shown no respect and are not even looked upon as humans. The physical suffering is awesome. Lack of livelihood has robbed us of our vitality, and even when we are permitted to engage in business, decree upon decree makes matters exceedingly difficult.

Worst of all is the exile of the spirit. Aside from all the evil decrees, we are ruled by a wicked [Communist] government, and many Jews are influenced by it. In truth, this should not be the case, for our rulers are nothing more than murderers who have risen to power by force. However, human nature is wont to follow the government blindly. As a result, the spirit of Torah among many has been weakened.

שֶׁבְּכָל הַלֵּילוֹת אָנוּ אוֹכְלִין שְׁאָר יְרָקוֹת, הַלַּיְלָה הַזֶּה – מָרוֹר.

שֶׁבְּכָל הַלֵּילוֹת אֵין אָנוּ מַטְבִּילִין אֲפִילוּ פַּעַם אֶחָת, הַלַּיְלָה הַזֶּה – שְׁתֵּי פְעָמִים.

יסיתו את ההמון על היהודים יהי׳ תועלת להם ומשו״כ מסיתים שיהרגו ברציחות נוראות ואף שיודעין שאין שום תועלת ידוע מזה, אך איזה ספק קצת יש להם חושבים להרפא בדם היהודים, וכמו כן אלה אשר אומרים כי הם אוהבי ישראל כגון מדינות הנאורות אנגליה וצרפת. וא״כ אין גלות פרעה קשה מגלותנו, ונשאר התמיה מ״ט אנו שמחים כ״כ בחג הפסח.

... וזה הי׳ רצון הקב״ה בגאולתו שגאל אותנו ממצרים שלא נהי׳ עבדים אף להתאות אלא להשי״ת, כי לי בנ״י עבדים עבדי הם ולא עבדים לעבדים, ולתכלית זה הוציאנו ממצרים, שבשביל תועלת הגוף הי׳ יכול לעשות שיהי׳ טוב לנו אף במצרים, וגם שהרי בשנה האחרונה כבר לא הי׳ השעבוד, אך כיון שהוא בשביל גאולת הנשמה שהיא גאולה אמתית, אי אפשר זה

Thus, we ask: Why should we rejoice over the Exodus from Egypt? What difference is there between the exile under Pharaoh and the one in which we are in? One might suggest that the Egyptian exile was worse in that Pharaoh decreed that all Jewish male infants be cast into the river. But upon pondering this point, we realize that even in this regard, the current exile is worse. For Pharaoh killed only small infants, who did not yet understand the gift of life, and for whom death was, relatively speaking, not that painful. Also, the pain of a parent is not as great when losing a newborn as when losing an older child for whom the parent has developed a deep love and attachment. However, in our days, they have thrown to the sword and other means of death old and young, women and children, who have already savored the taste of life. Pharaoh, our Sages relate, bathed himself in the blood of Jewish children. In our days, there are those who incite the masses to kill Jews with the thought that they will experience some gain from this. Others incite for no real purpose, other than the feeling that this will bring them some satisfaction.

The question, therefore, remains: What is the reason for our celebration on the *Yom Tov* of Pesach?

We answer by saying that the Redemption from Egypt was a redemption of the soul, not of the body. The servitude had, in fact, ended

2. On all other nights we eat many vegetables,
but on this night — we eat maror.

3. On all other nights we do not dip even once,
but on this night — twice.

במצרים שהם שטופי זימה ואינו מקום
מסוגל, וצריכין להיות עם לבד, וגם
לתועלת העולם ולתועלת עצמן כדי
שיהיו ממלכת כהנים וגוי קדוש נתן להם
את הארץ, שכל העולם יאמרו רק עם
חכם ונבון הגוי הגדול הזה...

... והנה לפ״ז יש לנו גאולה אף אם
עדיין אנו בגלות, שהרוח א״א שיהיה
בגלות, דעליו אין אדונים, ואין מועיל
גזירתם רק לגוף, שאבותינו עמדו
בנסיונות ומסרו נפשם בכל מיני מיתות

והרוח נשאר בתקפו, רק יחידים יש
שאבדו זה, וזה הי׳ אף כשהיינו בארץ
דמטעם זה גלינו מארצנו, אבל לרוב
ישראל היודעין ומכירין ורוצים יש להם
גאולת הרוח גאולה עולמית...

... ואם נחזיק בתורה ויהי׳ גאולת
הנפש לנו שזהו בידינו אחרי שניתנה לנו
התורה אף בגלותנו נזכה בקרוב לגאולת
הגוף והנפש וימלא הארץ דעה בשובו
שבות עמו בביאת משיח בן דוד במהרה
בימינו אמן (.דרש משה, דרוש ז׳)

---

a year earlier when the plagues began. Moreover, had the Redemption
been a physical one, God could have allowed the Jews to remain in
Egypt, while improving their material situation. It is clear that the
Redemption was a spiritual freedom, a freedom from the lust and desire
that was so pervasive in Egypt. To attain its spiritual potential, both for
its own benefit and for the benefit of mankind, *Klal Yisrael* needed to
be a nation apart. Only in this way could the Jewish people be a
'kingdom of priests and a holy nation.' It is for this purpose, too, that we
were granted the gift of *Eretz Yisrael*.

Consequently, we are free even when we are in exile. They cannot
exile our spirit, for they have no dominion over it. Their decrees can only
affect our bodies. Our ancestors withstood all sorts of trials, and willingly
died all sorts of death — while their spirit remained unshakeable. Only
a relatively small number of individuals did, in fact, suffer a loss of spirit.
The vast majority, however, who clearly perceive and pursue truth,
enjoy a freedom of spirit, a freedom that is eternal.

If we will cling steadfastly to Torah so that our spirit remain free —
and this is in our power, for the Torah is ours even in exile — then we
will soon merit a redemption of both body and spirit, when the world
will be filled with knowledge as He restores the captivity of His nation,
with the coming of *mashiach* — speedily, and in our time.

שֶׁבְּכָל הַלֵּילוֹת אָנוּ אוֹכְלִין בֵּין יוֹשְׁבִין וּבֵין מְסֻבִּין, הַלַּיְלָה הַזֶּה – כֻּלָּנוּ מְסֻבִּין.

The matzos (primarily the broken matzah) are uncovered. They are kept uncovered as the Haggadah is recited in unison. The Haggadah should be translated if necessary, and the story of the Exodus should be amplified upon.

עֲבָדִים הָיִינוּ לְפַרְעֹה בְּמִצְרָיִם, וַיּוֹצִיאֵנוּ יהוה אֱלֹהֵינוּ מִשָּׁם בְּיָד חֲזָקָה וּבִזְרוֹעַ נְטוּיָה. וְאִלּוּ לֹא הוֹצִיא הַקָּדוֹשׁ בָּרוּךְ הוּא אֶת אֲבוֹתֵינוּ מִמִּצְרַיִם, הֲרֵי אָנוּ וּבָנֵינוּ וּבְנֵי בָנֵינוּ מְשֻׁעְבָּדִים הָיִינוּ לְפַרְעֹה בְּמִצְרָיִם. וַאֲפִילוּ כֻּלָּנוּ חֲכָמִים, כֻּלָּנוּ נְבוֹנִים, כֻּלָּנוּ זְקֵנִים, כֻּלָּנוּ יוֹדְעִים אֶת הַתּוֹרָה, מִצְוָה עָלֵינוּ לְסַפֵּר בִּיצִיאַת מִצְרָיִם. וְכָל הַמַּרְבֶּה לְסַפֵּר בִּיצִיאַת מִצְרַיִם, הֲרֵי זֶה מְשֻׁבָּח.

עוד בענין מה נשתנה

...ובפסחים [קטז א] איתא א״ל רב נחמן לדרו עבדי׳ עבדא דמפיק לי׳ מרי׳ לחרות ויהיב לי׳ כספא ודהבא מאי בעי למימר לי׳ א״ל בעי לאודויי ולשבוחי א״ל פטרתן מלומר מה נשתנה. ותמוה מאד דמהיכי תיתי נפטר בזה ממה נשתנה הא עדיין לא שאל כלום. ואם מחמת דהוי כמשיב, הא באומרו עבדים היינו לבד לא נפטר ממה נשתנה...

והנה כשאדון מפיק עבדו לחרות לפעמים אינו טובה לו, כגון אם האדון הי׳ טוב והוא אינו בעל פרנסה וא״כ יפסיד מזונותיו, ואף אם יתן לו כסף וזהב אינו כ״כ טובה ברורה, דאפשר שיאבד הממון בענין רע, אך אף אם הוא טובה, הוא רק בעת שמוציאו ויש לו עדיין

◆§ The Four Questions [II]

With this understanding of the *Mah Nishtanah* question — "Why do we still celebrate even while we are still oppressed in exile?" — we can explain a puzzling passage in *Pesachim*. The Gemara (116a) relates that Rav Nachman asked his slave, Daru,"If a slave's master were to free him and provide him with silver and gold, what would be the right thing for that servant to do?" Daru replied, "He would have to praise him and thank him." To this Rav Nachman replied, "You have just fulfilled our obligation to recite the *Mah Nishtanah*," and he proceeded with "We were slaves to Pharaoh. . ."

This Gemara seems puzzling. How did this exchange between Rav Nachman and Daru fulfill the obligation to introduce the *Haggadah* account with the questions of the *Mah Nishtanah*?

4. On all other nights we eat either sitting or reclining, but on this night — we all recline.

The matzos (primarily the broken matzah) are uncovered. They are kept uncovered as the Haggadah is recited in unison. The Haggadah should be translated if necessary, and the story of the Exodus should be amplified upon.

עֲבָדִים **We were slaves to Pharaoh in Egypt, but HASHEM our God took us out from there with a mighty hand and an outstretched arm. Had not the Holy One, Blessed is He, taken our fathers out from Egypt, then we, our children, and our children's children would have remained enslaved to Pharaoh in Egypt. Even if we were all men of wisdom, understanding, experience, and knowledge of the Torah, it would still be an obligation upon us to tell about the Exodus from Egypt. The more one tells about the Exodus, the more he is praiseworthy.**

הכסף, אבל אם החזיק בו עוד הפעם ונטל ממונו אז ודאי אין זה שום טובה. וזהו מה שאמר רב נחמן לדרו עבדיה, שלא שוי נהום כריסיה [ב״ק צז א], דזה ודאי ירגיש שאינו טובה אם יאבד אף רק הכסף, וכ״ש בעבד אחר אם יצטרך להיות עוד הפעם עבד, ולכן אמר לו עבדא דמפיק לו, בלשון הווה, שעתה ברגע זו מוציאו לחרות ונותן לו כסף וזהב, וע״ז השיב שבאופן כזה צריך לאודויי ולשבוחי, אבל אם כבר הוציאו ועתה או שהוא עוד הפעם עבד או שאבד רק הכסף אין לו להודות כי נמצא שאין לו מזה שום טובה מה שהי׳ כבר. וא״כ מובן לכל שאלתו במה שאנו חוגגים את חג הפסח בשמחה, ולכן

Perhaps, the answer is as follows: When a master frees a slave, it is not to the slave's benefit. If the master is wealthy, the slave thereby loses the security that he had previously enjoyed when his needs were provided by his master. A slave who does not possess many marketable skills may find himself homeless and hungry. Even if the master gives his departing slave a generous sum of money with which to start out on his own, the slave's freedom may prove to be to his disadvantage. He may use up the money and be reduced to poverty. Worse yet, he may have to revert to servitude in order to survive.

It is at the moment that the slave is actually freed and in possession of his master's generous gift that he is indeed the beneficiary of his master's generosity and largesse. Later, however, when his fortunes decline, the slave has ceased to benefit from his freedom.

מַעֲשֶׂה בְּרַבִּי אֱלִיעֶזֶר וְרַבִּי יְהוֹשֻׁעַ וְרַבִּי אֶלְעָזָר בֶּן עֲזַרְיָה וְרַבִּי עֲקִיבָא וְרַבִּי טַרְפוֹן שֶׁהָיוּ מְסֻבִּין בִּבְנֵי בְרַק, וְהָיוּ מְסַפְּרִים בִּיצִיאַת מִצְרַיִם כָּל אוֹתוֹ הַלַּיְלָה. עַד שֶׁבָּאוּ תַלְמִידֵיהֶם וְאָמְרוּ לָהֶם, רַבּוֹתֵינוּ הִגִּיעַ זְמַן קְרִיאַת שְׁמַע שֶׁל שַׁחֲרִית.

אָמַר רַבִּי אֶלְעָזָר בֶּן עֲזַרְיָה, הֲרֵי אֲנִי כְּבֶן שִׁבְעִים שָׁנָה, וְלֹא זָכִיתִי שֶׁתֵּאָמֵר יְצִיאַת מִצְרַיִם בַּלֵּילוֹת, עַד שֶׁדְּרָשָׁהּ בֶּן זוֹמָא, שֶׁנֶּאֱמַר, לְמַעַן תִּזְכֹּר אֶת יוֹם צֵאתְךָ מֵאֶרֶץ מִצְרַיִם כֹּל יְמֵי חַיֶּיךָ.[1] יְמֵי חַיֶּיךָ הַיָּמִים,

---

פטרתן מלומר מה נשתנה, והתחיל לומר עבדים היינו, שביאר בזה איך שגם עתה אנו נגאלין כדבארתי. (דרש משה, דרוש י״ב)

בענין למען תזכור את יום צאתך מארץ מצרים כל ימי חייך

איתא בפסחים דף קיז: אמר רב אחא בר יעקב וצריך שיזכיר יציאת מצרים בקידוש היום כתיב (דברים טז, ג) „למען תזכור את יום צאתך מארץ מצרים״ וכתיב (שמות כ, ח) „זכור את יום השבת לקדשו.״ רואים מכאן שיש ענין של זכירת יצ״מ מצד הפסוק של „למען תזכור את יום צאתך מארץ מצרים.״ ובזה מיושב מה שכמה אנשים מזכירים בהשש זכירות הענין של זכירת יצ״מ אע״ג שהרי בלא זה מזכירים אותה ב׳

Thus, Rav Nachman asked Daru how a slave must relate to his master who *frees* him (present tense) and provides him with silver and gold, i.e., what must his reaction be at the time that he actually benefits from his freedom. To this, Daru replied that *at that time* the slave must thank and praise his master — the implication being that this is not the case after the slave has lost the benefits of his freedom. The import of this exchange was clear to those present: Although we were obligated to thank God at the time of our redemption from Egypt, what is left to celebrate now in the darkness of our exile — which is the basic question of the *Mah Nishtanah*. Thus, Rav Nachman noted that the purpose of the *Mah Nishtanah* question had already been fulfilled by this exchange, and he proceeded with the *Haggadah* narrative, explaining that the redemption and freedom of our spirits remains with us even today. Therefore, we indeed have cause to celebrate the Pesach festival.

מַעֲשֶׂה It happened that Rabbi Eliezer, Rabbi Yehoshua, Rabbi Elazar ben Azaryah, Rabbi Akiva, and Rabbi Tarfon were reclining (at the Seder) in Bnei Brak. They discussed the Exodus all that night until their students came and said to them: 'Our teachers, it is [daybreak] time for the reading of the morning Shema.'

אָמַר Rabbi Elazar ben Azaryah said: I am like a seventy-year-old man, but I could not succeed in having the Exodus from Egypt mentioned every night, until Ben Zoma expounded it: 'In order that you may remember the day you left Egypt all the days of your life.'[1] The phrase 'the days of your life' would have indicated only the days;

---

(1) *Deuteronomy* 16:3.

פעמים בק״ש בכל יום ויום; אבל יש דין של זכירת עצם יצ״מ ויש דין זכירת יום היציאה. וצריכים להבין מה זה הענין להזכיר יום היציאה. וי״ל שמשבת למדין הענין להאמין בה׳ שברא העולם ומיו״ט למדין הענין להאמין בה׳ שתמיד משגיח על העולם, ושכל שיש לנו הוא

מה׳. וזה לא רק שצריכים לבקש ממנו שהוא יתן לנו אלא אפילו אחר שכבר זכינו לאיזה דבר מ״מ כלפי שמיא איננו שלנו אלא עדיין שייך לה׳. וכמו כן מצינו שבירך יצחק ליעקב ,,ויתן לך האלקים,,״ שע״ז כתב רש״י יתן ויחזור ויתן, שפירושו הוא לא שכמו שנתן ה׳

◆§ In Order That You May Remember

"In order that you may remember the day you left Egypt all the days of your life" — In contrast to other Scriptural references to the Redemption from Egypt, the verse here refers to יוֹם צֵאתְךָ, *the* **day** *you left*. There seems to be a specific need to recall the *day*, aside from the actual Redemption. Indeed, there are many who follow the custom of reciting this verse daily, though they fulfill the command to remember the Exodus with the recitation of *Shema*. The significance of this requires explanation.

We know that the Sabbath symbolizes God's creation of the world, while the Exodus was His demonstration to mankind that He controls nature, and is ever watchful of and involved in the workings of this world. Included in this concept of *Hashgachah* (Divine Providence) is the belief that all we possess and accomplish is ours only because such is His will. We must forever beseech God not only for our present and

כׇּל יְמֵי חַיֶּיךָ הַלֵּילוֹת. וַחֲכָמִים אוֹמְרִים, יְמֵי חַיֶּיךָ הָעוֹלָם הַזֶּה, כׇּל יְמֵי חַיֶּיךָ לְהָבִיא לִימוֹת הַמָּשִׁיחַ.

בָּרוּךְ הַמָּקוֹם, בָּרוּךְ הוּא. בָּרוּךְ שֶׁנָּתַן תּוֹרָה לְעַמּוֹ יִשְׂרָאֵל, בָּרוּךְ הוּא. כְּנֶגֶד אַרְבָּעָה בָנִים דִּבְּרָה תוֹרָה: **אֶחָד חָכָם**, וְאֶחָד **רָשָׁע**, וְאֶחָד **תָּם**, וְאֶחָד **שֶׁאֵינוֹ יוֹדֵעַ לִשְׁאוֹל**.

עכשיו הוא יתן גם למחר אלא אפילו מה שכבר נתן לנו הוא בגדר יתן ויחזור ויתן ולא שהאדם יחשוב שהוא כבר מוחזק בדבר אלא עדיין צריך שהקב״ה יתן לו הכח שיהי׳ יכול להשתמש בהדבר ושהדבר לא יהי׳ נאבד ממנו. וזה הלימוד כאן שאע״ג שהיו כמה צרות ומכות לפרעה וכמה פעמים הבטיח שבנ״י יצאו ממצרים, מ״מ לא יצאו עד שהקב״ה החליט להוציאם, ולא היו יכולים להיות בטוחים בהגאולה עד אותה שעה שיצאו. וזה הענין להזכיר את יום הגאולה ולא סגי רק בספור יצ״מ בכלל, כדי שהאדם ילמוד מזה שלא יהי׳ בטוח במה שיש לו אלא תמיד צריך להרגיש שהכל הוא מיד ה׳. (קול רם חלק ב׳)

---

future needs, but also that we be permitted to keep possession of that which we already own — for that too is, in essence, His. As Yitzchak said in his blessing to Yaakov, וְיִתֶּן לְךָ הָאֱלֹהִים, *And may God give you* (*Gen.* 27:28), to which *Rashi* comments, "May He give and give again." *Rashi's* intent is not that Yitzchak blessed his son that God grant him additional gifts each day. Rather, the blessing was that the gift of today be his tomorrow as well. Only through God's constant will do we retain that which we have already been granted, and do we have the ability to make use of our possessions.

This is the lesson of the *day* of the Exodus. Prior to that day, the Egyptians had been smitten with a host of wondrous plagues that left their land and people utterly devastated. Yet, all this had still not resulted in redemption for Israel. This could not occur until the precise *day* — and moment — that God willed the redemption to be. Only then could Pharaoh allow the Jews to leave, and he did. Thus, the timing of the Redemption teaches that, regardless of what transpires, one cannot for a moment forget that he is constantly dependent on God's beneficence and watchfulness. This lesson is distinct from that of the lesson of the Exodus itself, which is why the Torah enjoins us to remember *the day*.

the addition of the word 'all' includes the nights as well. But the Sages declare that 'the days of your life' would mean only the present world; the addition of 'all' includes the era of the Messiah.

בָּרוּךְ Blessed is the Omnipresent; Blessed is He. Blessed is the One Who has given the Torah to His people Israel; Blessed is He. Concerning four sons does the Torah speak: a **wise** one, a **wicked** one, a **simple** one, and one **who does not know how to ask**.

בענין ד׳ בנים

... וגם צ״ל [צריכין להבין] ענין שאלת חלוק הד׳ בנים. ואיזה תשובה היא לחכם מה שאומרים לו אין מפטירין וכו׳, דאם הכוונה שמודיעים לו כל הלכות הפסח עד משנה אחרונה, הלא יש עוד משנה ברך ברכת הפסח וכו׳, אלא ודאי שמשנה דאין מפטירין היא התשובה, וזה אינו מובן. עוד צ״ל דבקרא [שמות יב כז] איתא תשובה לרשע, ואמרתם זבח פסח וגו׳, ובהגדה אנו משיבין תשובה דשאינו יודע לשאול, למה אנו משנין זה...

... [ו]יש שאלה גדולה על מה שקבע הקב״ה לשמוח ולעשות חג קבוע בכל שנה ע״ז שיצאנו ממצרים, אף בעת שהיינו על אדמתנו כל אחד תחת גפנו ותאנתו לבטח, וכ״ש עתה בעוה״ר שאנו בגלות זה כמה שנים, איך שייך

◆§ The Four Sons [I]

Several questions can be raised regarding our respective response to the queries of the four sons. To the wise son's query, "What are the testimonies, decrees and ordinances that Hashem, our God, has commanded you?" (*Deut.* 6:20) we reply with the laws of Pesach, "One may not eat dessert after the final taste of the *Pesach* offering" so that the taste of the sacrifice remain in one's mouth. How does this address his question? If the intent is that we must teach him all the laws of Pesach up to and including this point, which is towards the end of the laws of Pesach recorded in the Mishnah, the *Haggadah* should have instead quoted the later Mishnah (121a), which deals with the *Pesach* offering. Apparently, the reference is specifically to the law of not eating after the *Pesach* offering. If so, what kind of answer is this?

Furthermore, our response to the wicked son bears closer scrutiny. The question that the *Haggadah* ascribes to this son is, *"Of what purpose is this work to you"* (*Exodus* 12:26). The Torah there (v. 27) provides the

חָכָם מָה הוּא אוֹמֵר? מָה הָעֵדֹת וְהַחֻקִּים וְהַמִּשְׁפָּטִים אֲשֶׁר צִוָּה יהוה אֱלֹהֵינוּ אֶתְכֶם?[1] וְאַף אַתָּה אֱמָר לוֹ כְּהִלְכוֹת הַפֶּסַח, אֵין מַפְטִירִין אַחַר הַפֶּסַח אֲפִיקוֹמָן.

לשמוח ולחוג על מה שהי׳ לנו טובה איזו שנים, שכבר אין לנו היכר מטובתם. ואם השמחה הוא מפני התועלת שנודעים מזה שחיי הגשם הבל, הלא זה יש גם בשינוי שאר אומות וגם ח״ו בשינוי לרעה. וזהו שאלת החכם שמאמין בה׳ ובתורתו אך ששואל טעם על העדות והחקים לשאול שאלת החכם גם על קיום עם ישראל בגלות הארוך והמר ולא נתבוללו בין האומות, מה כחם גדול יותר מכל האומות שנאבדו ואין להם זכר, שנתבוללו בין האומות המושלים עתה, וגם הם אדוני הארץ ככל האומה, ועם ישראל עדיין קיים, והוא כל העת רק כאורח בארצות גלותו, ותקותו לבא לארצנו, ולכאורה אין טעם לזה, דהא אין בזה לא שמחה גדולה ולא ח״ו צער ויאוש גדול בעניני הגשם, וגם אולי יש הרבה שטוב להם כאן בארץ גלותם, וא״כ איזה כח יש בעדות וחקים שמחמת זה לא התבוללו בין האומות ועדיין קיימים, ואין מוצאין קורת רוח בגלות אף בעת טובתם. וכל זמן היותם בגלות הם כעומדין על הדרך.

והרשע שאינו מאמין בה׳ וסובר

---

appropriate response: "*And you shall say it is the offering of passing over to Hashem, who passed over the houses of the Children of Israel in Egypt when he smote Egypt and saved our houses...*" Why does the *Haggadah* omit the response prescribed in the Torah and replace it with one of its own?

Moreover, we must seek to understand the reason for the command to celebrate Pesach every year regardless of our national situation. Even if we enjoyed several centuries of peace and prosperity in our land, what vestige remains of this in our dark and bitter exile?

Perhaps, the following is included in the query of the wise son, who believes fully in God and His Torah:

What is the power of the Torah's divine laws and ordinances that has enabled them to sustain Jewry through the many vicissitudes of exile and protect them from assimilation and loss of identity, when many mightier nations have been swallowed and absorbed by succeeding nations and empires? What is there in the Torah's laws that causes Israel to be dissatisfied in exile, even during periods in which they enjoy peace and prosperity?

The intent of the wicked son, on the other hand, is to ridicule our

חָכָם The wise son — what does he say? 'What are the testimonies, decrees, and ordinances that HASHEM, our God, has commanded you?'[1] Therefore explain to him the laws of the Pesach offering: that one may not eat dessert after the final taste of the Pesach offering.

(1) *Deuteronomy* 6:20.

שאם טוב לו, שכחו ועוצם ידו עשו לו את החיל הזה, וא״כ יהי׳ לו זה לעולם, כמו שטועין בנ״א שאין יודעין מה רואין, וכשרע לו מתייאש מן החיים וסובר שלעולם יהי׳ כן כיון שהוא חלש ואין לו כח להטיב לעצמו, רשע כזה — בזמן הבית — הסית והדיח בטענה, לא כשואל אלא בלגלוג, מה העבודה הזאת לכם, וכי סבורין אתם שגם אנו היינו עובדין לפרעה, הלא אנו חכמים וגבורים ומעולם לא היינו עובדים כמו עתה, רק אבותינו שעבדו לפרעה היו שוטים, כי כ״א עושה לעצמו בכחו, ולא כאשר דמיתם שבנסים הוציא ה׳ אותנו, גם במשך הימים כמה פרעה נאבדו מן העולם מחמת שנתגברו עליהן אויביהם, וא״כ מה העבודה הזאת לכם, אין צורך לעשות שום זכר כיון שאינו דבר חדש אלא הוא מנהג העולם שהגבור מכניע את החלש. ובעוה״ר בזמן הזה מסית ומדיח באופן אחר, וכי עדיין אתם שוטים וחושבים שאתם עם

observance of the mitzvos connected with the *Seder*. However, the thrust of his derisive comments shifts with the ages. During the heyday of *Klal Yisrael*, when the *Beis HaMikdash* was built and the Jews were living in peace, he would say, "What is the need for all this ceremony? Do you think we would still have been slaves to Pharaoh? We are wise and powerful, and we could never sink so low. Only our ancestors, who were not as intelligent as we are, fell into the clutches of Pharaoh. Furthermore, God did not redeem us through great miracles; rather we left Egypt because Pharaoh eventually lost his influence, like so many other rulers over the years. Why, then, are we celebrating this *Seder*? There isn't anything special to celebrate!"

During the dark times of *galus*, however, the wicked son moves on to another track and asks, "Why do you still cling to your old notions of being a 'Chosen People' and 'Kingdom of Priests?' We are still slaves today, subject to foreign rule, just as in Egypt! We should rather assimilate and rid ourselves of all vestiges of our Jewishness. Then life will be truly good! Why, then, do you persist in celebrating this *Seder*, and continue to insist that, even in your degraded condition, you are a chosen people?"

The reply we give to the wicked son also varies with the times. During

רָשָׁע מָה הוּא אוֹמֵר? מָה הָעֲבֹדָה הַזֹּאת לָכֶם?[1] לָכֶם וְלֹא לוֹ, וּלְפִי שֶׁהוֹצִיא אֶת עַצְמוֹ מִן הַכְּלָל, כָּפַר בְּעִקָּר — וְאַף אַתָּה הַקְהֵה אֶת שִׁנָּיו וֶאֱמָר לוֹ, בַּעֲבוּר זֶה עָשָׂה יהוה לִי בְּצֵאתִי מִמִּצְרָיִם.[2] לִי וְלֹא לוֹ, אִלּוּ הָיָה שָׁם לֹא הָיָה נִגְאָל.

הנבחר ועדיין אתם עם בפני עצמו וממלכת כהנים ובני חורין, הלא אתם עבדים להאומה המושלת וצריכין אתם להתבולל בהם ולהיות לעם אחד, שלא יהי׳ אף זכר שהייתם מכבר יהודים, ואז יהי׳ טוב לכם, ומה העבודה הזאת לכם להיות גם עתה נבדלים מהאומה המושלת ולהחשיב עצמכם לעם הנבחר אף שאתם בשפל המצב. ויש אנשים שבעצמם הם תמימים ונוהגין בדרך התורה, מרוב הדחת הרשע בדבריו נקלט גם בראשם שאלה מה זאת, לאיזה צורך אנו חיים כ״כ בצער וכובשים את יצרנו, ואף שלא תשפיע עליו השאלה כשאין לו נסיון, אבל בנסיון לא יוכל לעמוד, ואז ישמע להרשע בזה שאינו יודע מה זאת שאנו צריכין לחיות חיי צער שלא ככל האומות. ויש אנשים שאין יודעין או אין רוצין לשאול ולא לומר, שלא איכפת לו אם אחרים שומרי תורה ומצות, אך הוא בעצמו כשמצטער מאיזה מצוה ואיסור, עובר עליו. זהו ענין הד׳ בנים בפסח, והוא גם לענין קיום כ״י בגלות. . .

וזה יש לרמוז בארבע השאלות דמה נשתנה, כל שאלה שייכת לבן אחד.

---

the era of the *Beis HaMikdash*, when the Presence of God was manifest in Israel, we could show him the *Pesach* offering and say to him, "This offering attests to the Providential nature of our deliverance from Egypt. The plagues themselves were unable to discern between Jew and Egyptian. Only the Hand of our merciful Father shielded us from harm." Such is the answer the Torah provides for the wicked son's query.

In our times, unfortunately, we are dispersed among the nations and the Divine Providence which still controls all events is obscured, so that the wicked son lacks fundamental belief in God. Thus, we can say to him only this: "You deny the Exodus, although it occurred with the knowledge of the entire world, and was recounted from generation to generation; hence, we cannot reason with you. Rather, we say to you only that from your perspective you are correct. Someone with your beliefs and attitudes would not have been freed from Egypt. You, who place your reliance on your own might and resourcefulness, would have remained enslaved even when the Jewish nation triumphed over Egypt

רָשָׁע The wicked son — what does he say? 'Of what purpose is this work to you?'[1] He says, 'To you,' thereby excluding himself. By excluding himself from the community of believers, he denies the basic principle of Judaism. Therefore, blunt his teeth and tell him: 'It is because of this that HASHEM did so for me when I went out of Egypt.'[2] 'For me,' but not for him — had he been there, he would not have been redeemed.

(1) *Exodus* 12:26. (2) 13:8.

שאלה ראשונה שהלילה הזה כולו מצה, הוא שאלת החכם מדוע אנו עומדים כל משך הגלות הארוך הזה כעומדין לדרך בחפזון כאילו איננו יכולין להכין אף לחמנו כראוי, רק לאפות מצה, שאיננו רוצים להתבולל בשום אופן ולהשאר בגלות אף בעת שטוב לנו. שאלה הב׳ הלילה הזה מרור, הוא מי שא״י לשאול, שכשמרגיש מרירות אינו רוצה, והולך אחרי שרירות לבו, אבל אינו מדחה אחרים. שאלה הג׳ הלילה הזה ב׳ פעמים הוא שאלת תם, שעיקר שאלתו הוא כשבא לידי נסיון אז שואל א״כ למה זה אנכי, כשאירע ימים שהפרנסה מצויה אך באופן שיטבול במי מלח, פי׳ שיפרוש מן התורה ומצות ויטבע במים הרעים מי התאוה שדומין למים מלוחים [מבחר הפנינים לרשב״ג שער פרישות

---

and emerged free. For individual fortunes can rise — or fall — suddenly, and there is no guarantee that you would have escaped. But we, who know that it was *God* Who delivered us from Egypt to be His chosen people for all times — even when this is not manifest to the world — were indeed freed then and remain truly free even now, when our bodies are subjugated by the nations."

The simple son represents people who are generally observant and faithful to the dictates of the Torah. Yet the words of the wicked son have made an impression on him, and so he asks: "*What is this?* Why do we Jews always have such difficult lives, always having to suppress our desires?" The spiritual position of such a person is precarious; he will not withstand a serious test of faith.

There are then the people represented by the son who does not know to ask. These people are not opposed to Jewish practice and observance, yet they are not sufficiently interested to inquire and develop a profound understanding of Judaism. As a result, they transgress those *mitzvos* which they consider obstacles to their personal life styles.

תָּם מָה הוּא אוֹמֵר? מַה זֹּאת? וְאָמַרְתָּ אֵלָיו, בְּחֹזֶק יָד הוֹצִיאָנוּ יהוה מִמִּצְרַיִם מִבֵּית עֲבָדִים.[1]

מעוה״ז], ואם ילך בדרך התורה אז תהא פרנסתו במרירות, ואינו יכול לעמוד בנסיון ושומע לפתויי הרשע ושואל שאלתו וסר בדרך התורה. שאלה הד׳ כלנו מסובין הוא שאלת הרשע בזה״ז שטוען ע״ז שאנו אף בגלות יושבין מסובין כמלך ומלכה שכולנו ממלכת כהנים ואין מתבטלין בין האומות. ובזמן הבית טען בדרך אחר מ״ט הלילה הזה כולו צלי, שפירושו כדבארתי במק״א [שה״ג – תרפ״ז] שטוען מוצל מאש, שאתם חושבים שבנס הציל ה׳ אתכם מן המכות והוציאתם ממצרים, והוא עומד וטוען ומסית ומדיח שהוא רק בכחו ועוצם ידו כדבארתי.

ואומרים להם תדעו שלא ככל המאורעות שבעולם הי׳ יציאתנו ממצרים, שעד רגע האחרון היינו עבדים לפרעה, חלשים, ולא יכלנו בשום אופן להלחם עמהם, וגם עד רגע האחרון לא רצו בשום אופן להניחנו לצאת, כמו שאירע ברוב המאורעות שבלא עיון יכול לטעות שכחו עשה זה מחמת שגבר על מושלו, או מחמת שנעשה מושל חסד והוציאו לחפשי, אבל הכא עד רגע האחרון הי׳ באותו

In fact, a parallel can be drawn between the four questions of the *Mah Nishtanah* and the questions of the four sons. The first question of the *Mah Nishtanah* can be likened to the query of the *chacham* (wise son). As we say later in the *Haggadah*, the unleavened matzah represents the hurriedness with which the Jews left Egypt. The *chacham* sees the matzah as illustrative of our people's outlook throughout the darkness (i.e., this night) of exile. Regardless of its material situation, Israel refuses to feel at home among the nations. Forever it is in a state of 'matzah', anxious for the call to be sounded that the *galus* has ended and the ingathering of exiles has begun. The *chacham* understands that the secret of this spiritual strength lies in the observance of the 613 *mitzvos*. He therefore asks, "What is the essence of these *mitzvos*?".

The second question of the *Mah Nishtanah* relates to the *she'aino yodeiya lish'ol*, (one who does not know how to ask). This son does not influence others, but in his personal life, he react to 'maror', bitterness of trial and travail, by following the whims of his heart and abandoning the *mitzvos*. His approach is not rooted in philosophy or doubt, but in weakness of resolve.

The third question parallels the attitude of the *tam* (simple son). Although the *tam* is not wicked, he will react wrongly when faced with a strong test. The salt water, to which the third question refers, alludes

תָּם The simple son — what does he say? 'What is this?' Tell him: 'With a strong hand did HASHEM take us out of Egypt, from the house of bondage.'[1]

(1) *Exodus* 13:14.

הרשעות ואותו הרצון ואותו הכח
כמקודם. ורק בנסי ה' ונפלאותיו
המרובין בהמכות שהביא עליהם
הוציאנו ה' משם ביד חזקה ובזרוע
נטוי'. . .

. . . ולהרשע בזמן הבית שביהמ"ק
בנוי ושכינה שרויה עדיין יכלו להראותו
טעותו ולהסביר לו שודאי זבח פסח
הוא, שניצלנו רק בהשגחת ה', שהמכות
לא ידעו להבחין בין ישראל למצרי כמו
החץ שאינו מבחין בין אוהב לשונא,
ורק מעשה ה' הוא שחמל עלינו והצילנו

מן הצרות כמציל מן האש, ומשום זה
אוכלים אנו צלי אש שהוא מוצל מאש.
אבל עתה בעוה"ר אין יכולין להראותו
בכלום כיון שאינו מאמין, מאחר
שההסתר פנים גדול מאד, ולכן אומרים
לו רק אתה שכפרת בעיקר יציאתנו
ממצרים וגם מכל הוית מצרים בעולם,
אף שהוא דבר שא"א שלא להאמין,
מאחר שנעשה בפני כל העולם בפרסום
גדול וכל הדור מסרו לבניהם, כמו
שא"א להכחיש שיש מדינה מהמדינות
בעולם לא עתה ואף לא בימים הבאים,

---

to the sinful waters of passion and desire. When faced with a choice between an easy livelihood mixed in these waters and a difficult one along the path of Torah, the *tam* opts for the former. At such times of trial, he becomes swayed by the wicked son's arguments and asks, "Why, indeed, must I involve myself with this (i.e., Torah and *mitzvos*)?"

The fourth question parallels that of the wicked son. "Why," he asks, "do we still recline royally, acting as 'a kingdom of priests and a holy nation' (*Exodus* 19:6), and refuse to assimilate with the nations of the world?" The wicked son sees no reason for our reclining and acting as God's royal nation. For he denies the miracles of the past, choosing instead to believe in the "strength and might of my hand" (*Deut.* 8:17).

In the times of the *Beis HaMikdash*, however, the *rasha's* different query (see above) was embodied in the additional question asked at the *seder* in those times (see Mishnah *Pesachim* 116a): Why on this night do we eat only *tzli*, roasted meat (the *Pesach* offering)? This parallels the *rasha's* denial that God was actually *matzil* (מַצִּיל, rescued — related to the root of צְלִי) the Jewish people from the Egyptian bondage. Rather, claims the *rasha*, the Exodus was a natural occurrence of a multitude of slaves rebelling and freeing themselves from their masters.

וְשֶׁאֵינוֹ יוֹדֵעַ לִשְׁאוֹל, אַתְּ פְּתַח לוֹ. שֶׁנֶּאֱמַר, וְהִגַּדְתָּ לְבִנְךָ בַּיּוֹם הַהוּא לֵאמֹר, בַּעֲבוּר זֶה עָשָׂה יהוה לִי בְּצֵאתִי מִמִּצְרָיִם.[1]

אך מכיון שעכ״פ כופר אין להראותו בכלום. אך אומרים ודאי צדקת לשיטתך שאין לך גאולה, ולא רק עתה, אלא אף אם היית שם לא הי׳ נגאל, דהרי עלול כ״א בכל רגע לשינוי, אבל אנו ודאי נגאלין אף עתה, וגם לי עשה ה׳ נסים האלו והיציאה ממצרים.

ואמר רבן גמליאל שהעיקר צריך לומר ולידע ג׳ דברים שהם פסח מצה ומרור. שענין פסח הוא לידע שלעולם הקב״ה מנהיג ומשגיח על כל בשר ואף בגלותנו הוא מצילנו וכל דבר הוא מאתו יתברך. מצה הוא לידע שהקב״ה יכול להציל פתאם כהרף עין. מרור הוא לידע שהרשעה והתאוה הוא בלא גבול וקץ, כמו שמררו המצרים בפרך וכמו בכל דור ודור שעומדים לכלותנו. ואחר שנדע זאת הרי אנו נגאלין גם עתה בזה שיצאנו ברוחנו משעבוד ועבדות גופני ואנו רק עבדי ה׳. ולכן בכל דור ודור חייב אדם לראות את עצמו כאלו הוא יצא ממצרים. וזה אנו אומרים לחכם שאחר האפיקומן אסור לאכול, כי צריך שישאר טעם מצה ופסח בפיו שזה יזכור

The *Haggadah* answers each son with a specific reply. However, the answer, "We were slaves ...," which follows the *Mah Nishtanah* is a general response to these questions. We reply that we were enslaved to Pharaoh until the last moment, weak, suffering, and with no physical means of staging a revolution. Moreover, Pharaoh remained unbending to the very end, refusing all demands that the Jews be freed. As opposed to other historical episodes of freedom from bondage, the Exodus from Egypt cannot possibly be attributed to natural causes. By freeing us, God clearly demonstrated His total mastery over all of creation, and made us His servants forever. Thus, we need not fear the hardships of exile, for our Master is King and controls all. It is for us to turn our hearts to Him, to heed His will as expressed in the Torah. It was for this purpose that the Redemption occurred.

Rabban Gamliel shows that the essential Pesach lessons are contained in the commandments of *Pesach, matzah,* and *maror*. The *Pesach* sacrifice proclaims that just as God providentially spared us in Egypt when He smote their firstborns, so too is His Providence ever with us even in the darkest gloom of exile. Everything that transpires in the world is an expression of His will. *Matzah* teaches that God's deliverance can come in an instant, just as He redeemed us suddenly in Egypt without giving us sufficient time to let the dough rise. And

וְשֶׁאֵינוֹ יוֹדֵעַ לִשְׁאוֹל, As for **the son who does not know how to ask,** you must initiate the subject for him, as it is stated: You shall tell your son on that day: 'It is because of this that HASHEM did so for me when I went out of Egypt.'[1]

(1) *Exodus* 13:8.

לעולם, ואז יש לנו גאולה לעולם בכל מקום, ובזה מחזיקין ידי התם שלא יירא מנסיונות, וגם את האינו יודע לשאול שלא יירא ממרירות, שידע שאם ילך אחרי תאותו אז יהי׳ עוד יותר מרירות כדבארתי. (דרש משה, דרוש י״ב)

עוד בענין ד׳ בנים

והגדת לבנך וגו׳ כי ביד חזקה הוציאך וגו׳ [יח ח]. נראה ד ,,ביד חזקה" הוא ג״כ חלק מהתשובה, משום דאם היתה הגאולה באופן אחר שלא בגלוי שהוא ביד חזקה בדרך נס ופלא, היה מקום לטעות שאין ההוצאה ממצרים עיקר כל כך, אף כשהיו מאמינים שהוא מהשי״ת, אלא שהוא לגאול מהצרות, שאין זה גאולה לעולם, דכאשר גלינו בחטאינו אין הגאולה שמתחלה כלום, אבל כיון

---

maror indicates that evil and lust in the world can be present to virtualy unlimited degrees, as the Egyptians embittered our lives with needless cruelty, and as our enemies have done during the long centuries of our persecution. Aware of these truths, our spirits still remain independent of anyone but God Himself, to Whose service alone we are dedicated, even when our bodies languish in the bondage of our oppressors. Truly — in every generation — one must perceive his freedom as a result of this ancient Exodus from Egypt.

Thus, we answer the *chacham's* inquiry into the power of these *mitzvos* to preserve the Jewish people by teaching him the law that the taste of the *Pesach* offering (or — in the absence of the *Beis HaMikdash* the matzah), must remain in one's mouth, and in the fore of one's mind. That is, the awareness of God's eternal Providence and his unlimited power to deliver from suffering any time makes us truly free in all times and under all conditions.

◆§ The Four Sons [II]

The Torah instructs us to answer the wicked son's questioning of the Pesach observance with the explanation: *"It is because of this that Hashem did so for me when I went out of Egypt"* (Ex. 12:8). However, the very next verse: *For with a strong hand Hashem took you out of*

יָכוֹל מֵרֹאשׁ חֹדֶשׁ, תַּלְמוּד לוֹמַר בַּיּוֹם הַהוּא. אִי בַּיּוֹם הַהוּא, יָכוֹל מִבְּעוֹד יוֹם, תַּלְמוּד לוֹמַר בַּעֲבוּר זֶה. בַּעֲבוּר זֶה לֹא אָמַרְתִּי אֶלָּא בְּשָׁעָה שֶׁיֵּשׁ מַצָּה וּמָרוֹר מֻנָּחִים לְפָנֶיךָ.

שהוציאנו ביד חזקה שכולם ראו שהוא היד הגדולה מהשי״ת הכירו הכל שהיא גאולה עולמית, שבכל מקום נתחשב גאולים, עי״ז שהוציאנו ממצרים ומכל עניניה שהם עבדות לחיים הגשמיים בזה שקבלנו התורה ואנחנו בני חורין בכל אופן ובכל מקום. (דרש משה, דף מ״ז)

עוד בענין ד׳ בנים

והיה כי ישאלך בנך מחר לאמר מה זאת [יג יד]. לכאורה מ״ט שאלת מה זאת נאמר בתחלה ושאלת חכם בסוף [דברים ו כ]. ונראה משום דמתחלה צריך האדם לא להתחכם אלא לשאול מה זאת עד שידע הכל ורק אחר שידע הכל, יהיה רשאי להתחכם ולידע טעמי הדברים באופן לימוד תורה, וישאר שקיום המצות יהיה לעולם באמונה שכן צוה השי״ת ועלינו לקיים כל דבר בלא שום חשבון שזהו עיקר התכלית, וכמאמר שלמה בקהלת [י א] יקר מחכמה מכבוד סכלות מעט, עיי״ש ברש״י, וכדחזינן שגם בעניני העולם המתחכם ביותר לא יוכל לעשות שום דבר לפרנסתו, כי על כל דבר יהיה טעם שלא לעשות, ורק מי שאינו מתחכם ביותר מצליח, וכ״ש שכן הוא בתורה

Egypt, can also be understood as an essential portion of the reply. For had the redemption from Egypt been accomplished through less overtly miraculous means, one might have argued that the Exodus from Egypt was not an event of such paramount significance to the Jewish nation. Rather, it might be that God merely freed an oppressed people from the yoke of bondage — a development whose effects were reversed when the nation was again subjugated by subsequent oppressors. Thus, we answer that the manifest and miraculous way in which God delivered Israel from Egypt demonstrated to all that this was an event of enduring significance. It was an everlasting freeing of Israel from the bondage of Egypt and what that represented — the subjugation of the person to his earthly materialism. It was from all this that we were freed when God took us out of Egypt and gave us His Torah. And this freedom remains ours in all times and under all conditions.

◆§ The Four Sons [III]

Although the *Haggadah* relates the question of the *chacham,* the wise son, before that of the *tam*, the simple son, we find that in the Torah

יָכוֹל One might think that the obligation to discuss the Exodus commences with the first day of the month of Nissan, but the Torah says: 'You shall tell your son on that day.' But the expression 'on that day' could be understood to mean only during the daytime; therefore the Torah adds: 'It is because of this that HASHEM did so for me when I went out of Egypt.' The pronoun 'this' implies something tangible, thus, 'You shall tell your son' applies only when matzah and maror lie before you — at the Seder.

ומצות שלכן כל אדם צריך להיות תם מתחלה ולבסוף יהיה חכם. (דרש משה, דף מ״ח).

בענין יכול מראש חדש

יכול מר״ח ת״ל ביום ההוא. ולכאורה מ״ט היה ס״ד לומר שיהיה מר״ח הא לא היתה אז הגאולה. אבל הטעם הוא שכבר מר״ח הבטיח השי״ת שיגאל בליל ט״ו, והבטחת השי״ת הוא נחשב ככבר עשוי, ומי שאינו חושב את הבטחתו יתברך כעשוי הוא מקטני אמונה ח״ו, לכן היה נותן הדין מסברא שמר״ח יספרו ביציאת מצרים. ואמרה תורה גזה״כ שרק בליל ט״ו היא המצוה. ומטעם זה נראה שהוא טעות מה ששמעתי [ראה שמות יח א ד״ה וישמע] שמה שלא שיבר משה את

---

the positions are reversed — the question of the *tam* is found in *Exodus* (13:14) while that of the *chacham* appears later in *Deuteronomy* (6:20). The sequence in the Torah teaches us an important lesson, namely, that one should first obtain a broad knowledge of the Torah before seeking to discover the underlying reasons for the individual mitzvos. Our first objective must be to fulfill the commandments of the Torah with perfect faith, without first subjecting each mitzvah to exhaustive analysis to discover its reasons. Hence, the Torah first presents the question of the *tam*, "What is this?" since unswerving loyalty and observance are our first obligation. Only then is the question of the *chacham*, who seeks to know the reasons for the mitzvos, a valid question.

◆§ One Might Think . . .

"One might think that the obligation to discuss the Exodus commences with the first day of the month of Nissan." Why would one think so? Isn't it logical that the obligation to recount the exodus should be on the actual anniversary of the Exodus — the fifteenth of Nissan?

מִתְּחִלָּה, עוֹבְדֵי עֲבוֹדָה זָרָה הָיוּ אֲבוֹתֵינוּ, וְעַכְשָׁו
קֵרְבָנוּ הַמָּקוֹם לַעֲבוֹדָתוֹ. שֶׁנֶּאֱמַר, וַיֹּאמֶר
יְהוֹשֻׁעַ אֶל כָּל הָעָם, כֹּה אָמַר יהוה אֱלֹהֵי יִשְׂרָאֵל, בְּעֵבֶר
הַנָּהָר יָשְׁבוּ אֲבוֹתֵיכֶם מֵעוֹלָם, תֶּרַח אֲבִי אַבְרָהָם וַאֲבִי
נָחוֹר, וַיַּעַבְדוּ אֱלֹהִים אֲחֵרִים. וָאֶקַּח אֶת אֲבִיכֶם אֶת
אַבְרָהָם מֵעֵבֶר הַנָּהָר, וָאוֹלֵךְ אוֹתוֹ בְּכָל אֶרֶץ כְּנָעַן,
וָאַרְבֶּה אֶת זַרְעוֹ, וָאֶתֶּן לוֹ אֶת יִצְחָק. וָאֶתֵּן לְיִצְחָק אֶת
יַעֲקֹב וְאֶת עֵשָׂו, וָאֶתֵּן לְעֵשָׂו אֶת הַר שֵׂעִיר לָרֶשֶׁת אוֹתוֹ,
וְיַעֲקֹב וּבָנָיו יָרְדוּ מִצְרָיִם.[1]

בָּרוּךְ שׁוֹמֵר הַבְטָחָתוֹ לְיִשְׂרָאֵל, בָּרוּךְ הוּא. שֶׁהַקָּדוֹשׁ
בָּרוּךְ הוּא חִשַּׁב אֶת הַקֵּץ, לַעֲשׂוֹת כְּמָה שֶׁאָמַר
לְאַבְרָהָם אָבִינוּ בִּבְרִית בֵּין הַבְּתָרִים, שֶׁנֶּאֱמַר, וַיֹּאמֶר
לְאַבְרָם, יָדֹעַ תֵּדַע כִּי גֵר יִהְיֶה זַרְעֲךָ בְּאֶרֶץ לֹא לָהֶם,

---

הלוחות קודם שראה את העגל
ומחולות הוא משום שראות העין עושה
הרגש יותר משמיעה, אלא ודאי כיון
ששמע מפי ה' נחשב אצלו כראיה
ממש, אך רצה לשוברם לעיני כל
ישראל... ת"ל ביום ההוא שהוא יום

היציאה ממש שהוא היום שכל העולם
ראו ושמעו, שהם ראו ושמעו רק כאשר
נעשה כבר. (דרש משה, דף פ"א)

בענין במה אדע

והנה צריך להבין טעם גלות ...

The answer would seem to lie in the fact that Rosh Chodesh Nissan
was the day that God informed Moses that the Jews would be freed
from Egypt on the fifteenth of that month. God's assurance is as real as
the promised event's actual occurrence, and one who does not feel this
is reckoned among those "of poor faith" (k'tanei emunah). Thus, it
would be logical to begin the discussion from this day, which was the
anniversary of God's declaration of the impending liberation. Therefore,
the Torah had to state "on this day" to teach that the mitzvah begins
only on the anniversary of the actual Exodus from Egypt. For this is
the day that Israel left Egypt before the eyes of the nations of the world;
and this demonstrated conclusively to them that God is Master of the
world and Israel is His chosen people. This did not occur until the

מִתְּחִלָּה, Originally our ancestors were idol worshipers, but now the Omnipresent has brought us near to His service, as it is written: Joshua said to all the people, 'So says HASHEM, God of Israel: Your fathers always lived beyond the Euphrates River, Terach the father of Avraham and Nachor, and they served other gods. Then I took your father Avraham from beyond the river and led him through all the land of Canaan. I multiplied his offspring and gave him Yitzchak. To Yitzchak I gave Yaakov and Esav; to Esav I gave Mount Seir to inherit, but Yaakov and his children went down to Egypt.'[1]

בָּרוּךְ Blessed is He Who keeps His pledge to Israel; Blessed is He! For the Holy One, Blessed is He, calculated the end of bondage in order to do as He said to our father Avraham at the Covenant between the Parts, as it is stated: He said to Avram, 'Know with certainty that your offspring will be aliens in a land not their own,

---

(1) Joshua 24:2-4.

מצרים. הא הע' נפש שגלו היו כלם צדיקים, וזה ודאי תימה לומר שבשביל אברהם שאמר במה אדע נתחייבו בניו גלות, דאין נענשים בנים בעון אבות.

ולכן צ"ל מה שמפורש בקרא [בראשית טו ח] דהגלות הוא מחמת שאמר אברהם במה אדע. עוד תמוה מ"ט בירושת הארץ אמר במה אדע, מה

---

fifteenth day of Nissan, and although the Jews had known it since Rosh Chodesh, the world did not witness it until the fifteenth.

◆§ "Know with Certainty . . ."

"Know with certainty that your offspring will be aliens in a land not their own . . ."

The Egyptian exile was decreed because Avraham *Avinu* asked God at the *bris bein habesarim* (Covenant Between the Parts), בַּמָּה אֵדַע כִּי אִירָשֶׁנָּה, *Whereby shall I know that am to inherit [the land]?* (Genesis 15:8) — apparently questioning God's promise to him. God replied with the verse quoted in the *Haggadah*: "... *that your offspring will be aliens in a land not their own ... four hundred years ...*" This raises

וַעֲבָדוּם וְעִנּוּ אֹתָם, אַרְבַּע מֵאוֹת שָׁנָה. וְגַם אֶת הַגּוֹי אֲשֶׁר יַעֲבֹדוּ דָּן אָנֹכִי, וְאַחֲרֵי כֵן יֵצְאוּ בִּרְכֻשׁ גָּדוֹל.[1]

שלא שאל כן בכל הנסיונות שנתנסה בהבטחת הבנים ובעקידה וכדומה. ועיין במ״ר לך [מד יז] ר׳ חייא ב״ר חנינא אמר לא כקורא תגר אלא א״ל באיזה זכות וכן איתא בגמ׳ מגילה [לא ב] ותענית [כז ב] והובא ברש״י [בראשית שם ו]. וא״כ תמוה מאד מ״ט נענש ע״ז. עוד איתא במ״ר שם קחה לי עגלה משולשת הראה לו ג׳ מיני פרים וג׳ מיני שעירים וג׳ מיני אילים, ג׳ מיני פרים פר יוה״כ ופר הבא על כל המצות ועגלה ערופה. וג׳ מיני שעירים שעירי רגלים ושעירי ר״ח ושעירה של יחיד, וג׳ מיני אילים אשם ודאי ואשם תלוי וכבשה של יחיד, ותור וגוזל תור ובן יונה. וצ״ל הכוונה בזה מ״ש אלו קרבנות. עוד שם רשב״י אומר כל הכפרות הראה לו ועשירית האיפה לא הראה לו, ורבנן אמרי אף עשירית האיפה הראה לו נאמר כאן ויקח לו את כל אלה ונאמר להלן והבאתה את המנחה אשר יעשה מאלה. וצ״ל הכוונה בזה מ״ט לא הראה לו עשירית האיפה, ואף לרבנן הראה לו רק ברמז בג״ש דאלה. עוד שם [פיסקא יח] ד״א קחה לי וגו׳ עגלה משולשת זו בבל וכו׳ ועז משולשת זו מדי וכו׳ ואיל משולש זו יון וכו׳ ותור וגוזל זו אדום תור הוא אלא שגוזלן הוא. וצריך להבין מ״ט הראה לו עתה ד׳ מלכיות. . . .

והנה אברהם אבינו שהתפלל גם על

a number of questions. First, why indeed would Avraham question God's word? This would certainly be unusual, for we know that throughout the ten *nisyonos* (tests) Avraham faced, never once did he question or show the slightest wavering of faith. Second, even if Avraham was indeed at fault, why would his descendants be punished for this? We know that God does not punish sons for the sins of fathers.

Furthermore, we find in the Gemara (*Megillah* 31b) that Avraham never doubted God's promise, but was merely asking, "In what merit will my children inherit the land?" It would seem, then, that his question was quite proper. Yet, God replied by informing Avraham of the exile, indicating a direct connection between the exile and the question posed by Avraham.

The *bris bein habesarim* was effected through an array of animals and birds that Avraham took for this purpose by Divine command. According to one opinion in the Midrash (*Bereishis Rabbah* 44:17), these were allusions to various atonement offerings that Israel would offer in the *Beis HaMikdash* (Temple). According to another Midrashic opinion, these creatures alluded to the Four Kingdoms under which Israel would endure exile after entering *Eretz Yisrael*.

What is the significance of these allusions?

they will serve them and they will oppress them four hundred years; but also upon the nation which they shall serve will I execute judgment, and afterwards they shall leave with great possessions.'[1]

---

(1) *Genesis* 15:13-14.

סדום אף שהיו רשעים מחמת שאולי
יחזרו ברוב הימים למוטב, התעצב מאד
כשהבטיח לו הקב"ה שיירש את הארץ
ויצטרכו להרוג הז' אומות וליקח את
ארצם, ולכן טען במה אדע כי אירשנה,
פי' במה אוכל לאהוב ולהנות ממתנה
כזו שצריך להרוג ז' אומות, שיותר טוב
שיחיו אולי יחזרו בתשובה כמו
שהתפלל על סדום. וידיעה הוא לשון
אהבה, כמו שמפרשים קרא דכי ידעתיו
[בראשית יח יט]. ועוד טען אולי גם בניו
לא יזכו, שיחטאו, כמו שהי' כן באמת

בעוה"ר, וא"כ תגרשם ותגלה אותם
ותצוה ח"ו להרגם כמו את הכנענים,
ואף שיבטיחו הקב"ה שירחם בזכותו
לעולם על ישראל, ונמצא שיהי' להם
רק ירושה מאברהם ולא בזכות עצמן,
ג"כ אין אברהם נהנה מאופן זה, ולכן
אמר במה אדע פי' במה אוכל לאהוב
מתנה כזו שרק אני צריך לירשנה
מהכנענים, פי' בזכותי ולהוריש לבני עד
לעולם. ונכלל ב' טענות אלו בבמה אדע
שאמר אברהם, ולא שח"ו קרא תגר
כדאיתא במ"ר לך. וע"ז השיב לו על

To answer these questions, we must first remind ourselves of the merciful nature of Avraham *Avinu*. It was Avraham who prayed that God spare the city of Sodom in the hope that its wicked inhabitants might one day repent. When God informed Avraham that his children would inherit the land of Canaan, he also informed him how this would come about. Avraham's descendants would enter the Land and by Divine command, annihilate those among the seven Canaanite tribes who refused to leave on their own. Avraham was troubled. How could he rejoice over such a gift? His benevolent nature compelled him to ask, "Why must these nations be killed? Would it not be better that they remain alive so that they have a chance to repent?" Furthermore, Avraham feared that his descendants, too, would be driven from the Land due to their sins, as was the case. Though Avraham knew that in his merit God would always deal mercifully with his descendants so that they would eventually return to the Land, this did not satisfy him. Avraham was bothered by the thought that his descendants might not deserve this gift in their own merit.

Avraham's question, בַּמָּה אֵדַע כִּי אִירָשֶׁנָּה, encompassed these fears. The word אֵדַע, whose plain meaning is, *will I know*, can also be translated, *can I have love* (see *Genesis* 18:19). Avraham asked, "How

טענה הב׳ שיזכו בעצמן נגד אוה״ע בהרבה מעלות, שהראה לו ג׳ מיני פרים שיקריבו ישראל. . .עוד הראה לו שעירי הרגלים, שהוא יראת חטא מחמת שמחת רגל כדאמרינן בקידושין [פא א] סקבא דשתא רגלא, וכמו שאומרין סליחות ויש גם מתענין בה״ב אחרי פסח וסכות כתוס׳ שם, ולכן מביאין שעיר לחטאת על טומאת מקדש, פי׳ על שטימאו הקדושה, שהרגל צריך להוסיף קדושה, ולבסוף חטא מחמת השמחה, [והוא רק על דרך הרעיון]. . .

. . . אבל עשירית האיפה לא הראה לו, מפני שרק מועטין הן בעוה״ר היודעין שהכל הוא של השי״ת אף מה שעשה בו עבודות הרבה, אבל רוב בנ״א טועין בזה, אף שלאברהם הי׳ זה דבר קטן שהרי לא רצה לקבל אף הכרת טובה על כל החסד שהי׳ עושה לכ״א והי׳ אומר להם ברכו לה׳ ולא לי [סוטה י ב], כי הכל הוא של השי״ת, אבל אח״כ רק מועטין היו שהכירו בכך שהכל של ה׳ אף מה שעבדו בו הרבה, ולכן לא הראה לו, פי׳ שגילה לו שדבר זה הוא מועט אף בישראל אף שהוא העיקר, ולרבנן הראה לו ברמז משום המיעוט. ובשביל זה צריך שיהיו בגלות מצרים ובבל ובגלות הארוך הזה להודע שהכל להשי״ת ואין להם כלום, שהרי ראו שכל עבודתם הקשה לקחו מצרים כל זמן שלא הוציאם ה׳ ממצרים, וא״כ יבינו שאחר שהוציאם ממצרים נמי אין זה שלהם אלא לה׳, שבלעדיו הרי עדיין משועבדין היינו לפרעה וא״כ רק הוא הנותן לנו כדבארתי. . .ולכן ידע תדע

---

can I love this gift, *that I* — in my own merit — *shall inherit,* a gift that will be acquired through means that seem contrary to my desire?"

God replied to Avraham's misgivings through a combination of the allusions cited by the Midrash. First, Avraham was shown the atonement offerings. Each offering represented a specific spiritual attainment for the one on whose behalf it was brought. For example, the *se'irei haregalim* (goat-offerings of the festivals) were brought to atone for any sins that might have resulted from the joy and festivities of the *Yom Tov.* Thus, these offerings brought the nation to a heightened degree of *yiras shamayim* (awe of Heaven). In being shown these offerings, Avraham was being told that his descendants would indeed gain the Land as an eternal inheritance by means of their own merit.

The Midrash notes that the Covenant contained no direct allusion to the *minchah* (flour) offering. Flour is produced through a lengthy process that begins with planting and ends with sifting. The human effort involved tends to blind one to the fact that flour is no less a gift of God than any other item in this world. While this concept was obvious to Avraham, it would have to be taught to his descendants. This

כי מוכרחין זרעך להיות בארץ לא להם כדי שיהי׳ להם זכות עצמי גמור לירושת הארץ לעולם, כי להם יועיל הגלות, מאחר שיש להם כבר כל המעלות דג׳ פרים ושעירים ואילים תור ובן יונה, רק שחסר להם מקצת דהוא עשירית האיפה, ולזה יועיל להם הגלות ולא יצטרכו לזכות אבות. ועל טענה הא׳ על שאינו רוצה שיהרגו את הכנענים, ג״כ א״ל קחה לי עגלה משלשת זה בבל ועז משלשת זה מדי ואיל משלש זה יון ותור וגוזל זה אדום, פי׳ שא״ל שאין לך להצטער כלום על אבדן האומות כי אף הטובים מהם ירשיעו כל כך, ואתה טועה בהם לחשוב אולי ייטיבו דרכם, דע כי גר יהי׳ זרעך בארץ לא להם, וא״כ לפי טבעך היו צריכין לרחם עליהם, ולבסוף ועבדום וענו אותם וגו׳, וכ״ש הכנענים שעוד גרועים מהם, ואף אדום שלכאורה תור הוא שמתנהג לפנים בטוב עם ישראל, אבל באמת גזלן הוא ואין לבטוח בהם כלל, ואדרבה הם מרשיעים בזה יותר שאין נזהרין מהם כראוי ונלכדים בפח שלהם, ולכן אין לך מה להצטער על אבדן הכנענים וכל הרשעים ותוכל לירש את הארץ בשמחה כי באבוד רשעים רנה. ומחמת זה ג״כ יש תועלת בגלות שיכירו רשעת האומות שאף הטוב שבהם כרוך ברע ולהתרחק מדרכיהם הרעים. ונמצא שהקחה לי וגו׳ והידע תדע הוא תשובה לב׳ הטענות. וזהו תועלת וצורך גלות מצרים וכן גלות הארוך הזה מחמת שמנחה חסר לנו. (דרש משה, דרוש י״א)

---

was the purpose of *galus* (exile). In Egypt, as well as in the subsequent exiles, the Jews would learn that all the physical toil was of no use without the freedom granted them by God to enjoy the fruits of their labor. The Egyptian servitude and subsequent miraculous redemption demonstrated clearly that all is from Hashem and that all one's efforts should be dedicated to God. Thus, the *galus* process would raise Avraham's descendants to the level needed to acquire the Land in their own merit as an eternal inheritance.

The exiles would also serve to demonstrate clearly the wickedness of the nations and sharp contrast between them and Israel, God's Chosen People. This was the meaning of the allusion of the Four Exiles. God was showing Avraham that contrary to his own benevolent nature, the elite among the nations would show no mercy to his descendants when they would be aliens in their lands. Surely, then, the Canaanites, who were steeped in sin and impurity, would act no better were they permitted to remain alive.

Avraham, therefore, had no reason to be apprehensive over this gift. The Canaanites were deserving of their punishment, while his descendants, through the purifying process of exile, would surely be worthy of *Eretz Yisrael*.

The matzos are covered and the cups lifted as the following paragraph is proclaimed joyously.
Upon its conclusion, the cups are put down and the matzos are uncovered.

וְהִיא שֶׁעָמְדָה לַאֲבוֹתֵינוּ וְלָנוּ, שֶׁלֹּא אֶחָד בִּלְבָד עָמַד עָלֵינוּ לְכַלּוֹתֵנוּ. אֶלָּא שֶׁבְּכָל דּוֹר וָדוֹר עוֹמְדִים עָלֵינוּ לְכַלּוֹתֵנוּ, וְהַקָּדוֹשׁ בָּרוּךְ הוּא מַצִּילֵנוּ מִיָּדָם.

צֵא וּלְמַד מַה בִּקֵּשׁ לָבָן הָאֲרַמִּי לַעֲשׂוֹת לְיַעֲקֹב אָבִינוּ, שֶׁפַּרְעֹה לֹא גָזַר אֶלָּא עַל הַזְּכָרִים, וְלָבָן בִּקֵּשׁ לַעֲקוֹר אֶת הַכֹּל. שֶׁנֶּאֱמַר:

אֲרַמִּי אֹבֵד אָבִי, וַיֵּרֶד מִצְרַיְמָה וַיָּגָר שָׁם בִּמְתֵי מְעָט, וַיְהִי שָׁם לְגוֹי, גָּדוֹל עָצוּם וָרָב.[1]

וַיֵּרֶד מִצְרַיְמָה – אָנוּס עַל פִּי הַדִּבּוּר.

וַיָּגָר שָׁם – מְלַמֵּד שֶׁלֹּא יָרַד יַעֲקֹב אָבִינוּ לְהִשְׁתַּקֵּעַ בְּמִצְרַיִם, אֶלָּא לָגוּר שָׁם. שֶׁנֶּאֱמַר, וַיֹּאמְרוּ אֶל פַּרְעֹה, לָגוּר בָּאָרֶץ בָּאנוּ, כִּי אֵין מִרְעֶה לַצֹּאן אֲשֶׁר לַעֲבָדֶיךָ, כִּי כָבֵד הָרָעָב בְּאֶרֶץ כְּנָעַן, וְעַתָּה יֵשְׁבוּ נָא עֲבָדֶיךָ בְּאֶרֶץ גֹּשֶׁן.[2]

בענין אנוס על פי הדיבור

אנוס ע״פ הדיבור. נראה הכוונה שאף ששמע שיוסף הוא מלך במצרים לא היה יורד לשם אלא משום שהדבור אנסהו. וכן אמרו לפרעה שביאתם לא

היתה בשביל שאחיהם הוא בגדולה, אלא משום כי אין מרעה, שאנוסים הם בשביל זה שאמר ה' להם כי ילכו לשם בשביל זה ולא יתן להם פרנסה ושובע במקום זה. (דרש משה, דף פ״א)

◄§ Compelled by Divine Decree

Compelled by Divine decree — The *Haggadah* here points out the righteousness of Yaakov *Avinu*. Though he had learned that his son, Yosef was the viceroy of Egypt, and he had not seen him for over twenty years, this was not his motivation in abandoning *Eretz Yisrael* and descending to Egypt; he went only because he was compelled to do

The matzos are covered and the cups lifted [see §11:9] as the following paragraph is proclaimed joyously. Upon its conclusion, the cups are put down and the matzos are uncovered.

וְהִיא It is this that has stood by our fathers and us. For not only one has risen against us to annihilate us, but in every generation they rise against us to annihilate us. But the Holy One, Blessed is He, rescues us from their hand.

צֵא Go and learn what Lavan the Aramean attempted to do to our father Yaakov! For Pharaoh decreed only against the males, Lavan attempted to uproot everything, as it is said:

An Aramean attempted to destroy my father. Then he descended to Egypt and sojourned there, with few people; and there he became a nation — great, mighty and numerous.[1]

Then he descended to Egypt — compelled by Divine decree.

He sojourned there — this teaches that our father Yaakov did not descend to Egypt to settle, but only to sojourn temporarily, as it says: They (the sons of Yaakov) said to Pharaoh: 'We have come to sojourn in this land because there is no pasture for the flocks of your servants, because the famine is severe in the land of Canaan. And now, please let your servants dwell in the land of Goshen.'[2]

---

(1) *Deuteronomy* 26:5. (2) *Genesis* 47:4.

---

so by the Divine decree. This attitude is also apparent in the words of his sons when they stood before Pharaoh after coming to Egypt with their father. The reason they offered for their coming to Egypt was not the royal stature of their brother. Rather, they cited the lack of pasture for the animals in the land of Canaan (*Genesis* 47:4), for which reason (and general lack of sustenance) God had commanded them to descend to Egypt.

בִּמְתֵי מְעָט – כְּמָה שֶׁנֶּאֱמַר, בְּשִׁבְעִים נֶפֶשׁ יָרְדוּ אֲבֹתֶיךָ מִצְרָיְמָה, וְעַתָּה שָׂמְךָ יהוה אֱלֹהֶיךָ כְּכוֹכְבֵי הַשָּׁמַיִם לָרֹב.[1]

וַיְהִי שָׁם לְגוֹי גָּדוֹל – מְלַמֵּד שֶׁהָיוּ יִשְׂרָאֵל מְצֻיָּנִים שָׁם.

עָצוּם – כְּמָה שֶׁנֶּאֱמַר, וּבְנֵי יִשְׂרָאֵל פָּרוּ וַיִּשְׁרְצוּ וַיִּרְבּוּ וַיַּעַצְמוּ בִּמְאֹד מְאֹד, וַתִּמָּלֵא הָאָרֶץ אֹתָם.[2]

וָרָב – כְּמָה שֶׁנֶּאֱמַר, רְבָבָה כְּצֶמַח הַשָּׂדֶה נְתַתִּיךְ, וַתִּרְבִּי וַתִּגְדְּלִי וַתָּבֹאִי בַּעֲדִי עֲדָיִים, שָׁדַיִם נָכֹנוּ וּשְׂעָרֵךְ צִמֵּחַ, וְאַתְּ עֵרֹם וְעֶרְיָה; וָאֶעֱבֹר עָלַיִךְ וָאֶרְאֵךְ מִתְבּוֹסֶסֶת בְּדָמָיִךְ, וָאֹמַר לָךְ, בְּדָמַיִךְ חֲיִי, וָאֹמַר לָךְ, בְּדָמַיִךְ חֲיִי.[3]

בענין בדמייך חיי

... ובמכילתא [פ׳ בא פ״ה] הי׳ ר׳ מתיא בן חרש אומר ואעבור וגו׳ עתך עת דודים הגיע שבועתו וכו׳ ולא הי׳ בידם מצות שיעסקו בהם כדי שיגאלו שנא׳ שדים נכונו וגו׳ ואת ערום ועריי ערום מכל מצות נתן להם הקב״ה ב׳ מצות דם פסח ודם מילה שיתעסקו בם כדי שיגאלו שנא׳ ואעבור וגו׳ מתבוססת בדמיך. וקשה לכאורה הא עיקר מצות הפסח אינו זריקת הדם אלא האכילה, וא״כ מ״ט נקט הקרא רק מצות הדם...

✥§ "Through Your Blood Shall You Live!"

"And I said to you: 'Through your blood shall you live!' And I said to you: 'Through your blood shall you live!'' — The *Mechilta* (*Parashas Bo* 5) states that the two "bloods" referred to in this verse are those of the *Pesach* offering and *milah* (circumcision). The *Mechilta* goes on to explain that the Jews needed the merit of these two mitzvos to be freed from bondage.

This poses several questions: Why were the Jews lacking in merit, when the Midrash states that throughout the exile they did not fall prey to the immorality which was rampant in Egypt? The Midrash also relates additional merits: The Jews did not adopt Egyptian names, or style of dress, or language. They also spoke pleasantly to one another

With few people — as it is written: With seventy persons, your forefathers descended to Egypt, and now HASHEM, your God, has made you as numerous as the stars of heaven.[1]

There he became a great nation — this teaches that the Israelites were distinctive there.

Mighty — as it says: And the Children of Israel were fruitful, increased greatly, multiplied, and became very, very mighty; and the land was filled with them.[2]

Numerous — as it says: I made you as numerous as the plants of the field; you grew and developed, and became charming, beautiful of figure; and your hair grown long; but you were naked and bare. And I passed over you and saw you downtrodden in your blood and I said to you: 'Through your blood shall you live!' And I said to you: 'Through your blood shall you live!'[3]

(1) *Deuteronomy* 10:22. (2) *Exodus* 1:7. (3) *Ezekiel* 16:7,6.

... וזהו פי׳ דברי ר׳ מתיא בן חרש שעיקר המצוה דק״פ הוא ללמד שיאכל וישתה ויהנה דוקא בחייו, ואסור לו לסגף עצמו כי אינו בעלים אף ע״ע כי הוא עבד ה׳, רק שיהי׳ דמו הנשפך לזה לשם שמים, ואז כל אכילתו קדש וקרבן, ולכן אמר בדמיך חיי — בדם פסח שאתה שופך דמך לש״ש, וזהו עיקר המצוה. ולכן נקרא הקרבן בעצמו פסח כדכתיב [שמות יב כא] ושחטו הפסח, שמחמת זה מוכרח הקב״ה לחוס עלינו ולפסוח על בתי אבותינו

and never informed on or spoke disparagingly of one another. Should not these merits have sufficed to earn them redemption?

Furthermore, why does the verse allude to the blood of the *Pesach* offering when the main aspect of the mitzvah is the eating of the sacrificial meat?

When Moshe told the Children of Israel to prepare the *Pesach*, he opened his words with the expression מִשְׁכוּ, *draw close* [*and take for yourself sheep*] (*Exodus* 12:21). The Midrash explains this to mean, "Draw yourselves away from idol worship and take for yourselves sheep of mitzvah." As long as the Jews were worshiping foreign deities, any good deeds that they performed or positive behavior that they exhibited were not indicative of their devotion to God, but rather were

וַיָּרֵעוּ אֹתָנוּ הַמִּצְרִים, וַיְעַנּוּנוּ, וַיִּתְּנוּ עָלֵינוּ עֲבֹדָה
קָשָׁה.[1]

וַיָּרֵעוּ אֹתָנוּ הַמִּצְרִים — כְּמָה שֶׁנֶּאֱמַר, הָבָה נִתְחַכְּמָה
לוֹ, פֶּן יִרְבֶּה, וְהָיָה כִּי תִקְרֶאנָה מִלְחָמָה, וְנוֹסַף גַּם הוּא
עַל שֹׂנְאֵינוּ, וְנִלְחַם בָּנוּ, וְעָלָה מִן הָאָרֶץ.[2]

במצרים כיון שהם עבדיו וחיים רק
לש"ש. וזהו מה שאמר משכו ידיכם
מעבודה זרה ואז שחטו הפסח, כי אף
שהיו בהם ארבע מצות גדולות
[מכילתא שם] שלא נחשדו על העריות
ולא על לה"ר ולא שנו את שמם
ולשונם שנתייחסו באבותיהם ודברו
בנחת ובנעימות, אבל מאחר שהיסוד
הי' חסר בהם שעבדו ע"ז בודאי גם
מצות אלו היו מתבטלות מהם, כי אף
שעדיין הי' מנהג אבותיהם הטובים
בידיהם שהם בני אברהם יצחק ויעקב

 וירשו מדותיהם הטובות, מ"מ אי אפשר
שתמשך ירושה לעולם אם לא ניתוסף
מכחות עצמו, ולכן משכו מע"ז ואז
שחטו הפסח, אבל בלא זה אין נחשבין
המצות הגדולות, מאחר שחסר היסוד
יפול הבנין, ולכן דוקא בדמיך חיי. ...
... וזהו ענין קרבן פסח שאף
שעיקרו לאכילה דזהו עיקר קרבן פסח,
דהוא לימוד איך לנהוג בחיי ההבל
שמוכרחין לאכול וכל הנאות העולם,
רק שיהי' דמו נשפך לשם שמים ואז
נחשב קרבן. ...

---

manifestations of the good ways and deeds taught by their ancestors,
which were ingrained in their souls and which were second nature to
them. There could be no guarantee, however, that this would continue.
Eventually, without a firm foundation, the entire edifice would erode.

The *Pesach* offering symbolized the proper approach to life. Judaism
teaches that a person can and should partake of the pleasures of this
world, provided that his purpose in doing so is the furtherance of his
service of God. The Jews were obligated to eat of the *Pesach* offering —
but only after its blood was offered before God. This blood offering
sanctified the entire animal as a sacrifice. In life, as well, all mundane
activities and pleasures are sanctified when one truly devotes himself to
the service of God. The Jews needed to accept this approach to life
before they were redeemed as a nation of God.

Bris milah is the permanent sign on the body of a Jew marking him
as a servant of God. The sign indicates that even when a Jew engages in
eating, drinking, and all other physical activities of this world he can —
with the proper attitude — render all these activities acts of service to God.
For when a Jew eats or drinks in order to strengthen his body so that

וַיָּרֵעוּ The Egyptians did evil to us and afflicted us; and imposed hard labor upon us.[1]

The Egyptians did evil to us — as it says: Let us deal with them wisely lest they multiply and, if we happen to be at war, they may join our enemies and fight against us and then leave the country.[2]

(1) *Deuteronomy* 26:6. (2) *Exodus* 18:11.

. . . והנה מילה הוא חותם שהוא עבד השי״ת, וא״כ לא רק בעת עשית המצות הוא עובד ה׳ אלא אף בעת שאוכל ושותה ועוסק בהנאות העולם כדי לחזק גופו שיהי׳ בריא ושלם שיוכל לקיים מצות השי״ת כשיזדמן הוי עובד ה׳. . . .

. . .ופסח הוא סדר ואופן הנהגת החיים של עבד ה׳, ולכן ערל בשר לא יאכל בו מאחר שאיננו מקבל עליו להיות עבד ה׳ א״כ לא יתנהג בדרך החיים שהוא בדרך התורה שמורה הפסח על זה. (דרש משה, דרוש י׳)

בענין וירעו אותנו המצרים

וירעו אותנו המצרים כמה שנאמר הבה נתחכמה לו וגו׳. לכאורה עדיין לא היה בזה הרעה רק אח״כ במה שעשו, ולמה חושב המחשבה שהיא הרעה. אבל הענין הוא שאינו דומה רעות שעושין בלא מחשבה וחשבון איך לעשות, שהוא רק מקרה ויש לקוות שיוקל אח״כ, לצרות שנעשו במחשבה ומטרה ולתכלית מה שיצא מזה, וגם חשבון איך ובמה לסדר הרעות, ולכן

he may better accomplish his mission as a Jew, that, too, is service of God.

Thus, the mitzvos of *Pesach* and *milah* convey that same message, namely, that a Jew dedicate his every action to God. It is for this reason that one who is uncircumcised cannot partake of the *Pesach* meat. To not fulfill the mitzvah of *milah* is to reject the underlying meaning of the *mitzvah* of *Pesach*. The fulfillment of these two mitzvos by the Jews in Egypt was an affirmation of their mission as a nation of God, and it was this merit that earned them Redemption. *"And I said to you, 'Though your blood shall your live!' "*

☙ The Egyptians did Evil to Us

The Egyptians did evil to us — as it saya: "Let us deal with them wisely . . ." At first glance this passage seems puzzling, as the verse quoted does not mention any actual mistreatment, only the evil *intentions* of Pharaoh. It would seem then, that the *Haggadah* wishes to underscore the dangers of malicious intent. When evil is done without plan or purpose, the hope exists that it is but a chance occurrence and will diminish with the passage of time. Premeditated evil is another

וַיְעַנּוּנוּ — כְּמָה שֶׁנֶּאֱמַר, וַיָּשִׂימוּ עָלָיו שָׂרֵי מִסִּים, לְמַעַן עַנֹּתוֹ בְּסִבְלֹתָם, וַיִּבֶן עָרֵי מִסְכְּנוֹת לְפַרְעֹה, אֶת פִּתֹם וְאֶת רַעַמְסֵס.[1]

וַיִּתְּנוּ עָלֵינוּ עֲבֹדָה קָשָׁה — כְּמָה שֶׁנֶּאֱמַר, וַיַּעֲבִדוּ מִצְרַיִם אֶת בְּנֵי יִשְׂרָאֵל בְּפָרֶךְ.[2]

וַנִּצְעַק אֶל יהוה אֱלֹהֵי אֲבֹתֵינוּ, וַיִּשְׁמַע יהוה אֶת קֹלֵנוּ, וַיַּרְא אֶת עָנְיֵנוּ, וְאֶת עֲמָלֵנוּ, וְאֶת לַחֲצֵנוּ.[3]

וַנִּצְעַק אֶל יהוה אֱלֹהֵי אֲבֹתֵינוּ — כְּמָה שֶׁנֶּאֱמַר, וַיְהִי בַיָּמִים הָרַבִּים הָהֵם, וַיָּמָת מֶלֶךְ מִצְרַיִם, וַיֵּאָנְחוּ בְנֵי יִשְׂרָאֵל מִן הָעֲבֹדָה, וַיִּזְעָקוּ, וַתַּעַל שַׁוְעָתָם אֶל הָאֱלֹהִים מִן הָעֲבֹדָה.[4]

וַיִּשְׁמַע יהוה אֶת קֹלֵנוּ — כְּמָה שֶׁנֶּאֱמַר, וַיִּשְׁמַע אֱלֹהִים אֶת נַאֲקָתָם, וַיִּזְכֹּר אֱלֹהִים אֶת בְּרִיתוֹ אֶת אַבְרָהָם, אֶת יִצְחָק, וְאֶת יַעֲקֹב.[5]

נחשב מה שעשו הרעות באופן של מחשבה תחלה וחשבון איך להכינם בשם וירעו, שזה עשה שהרעות יהיו לרעות גדולות. (דרש משה, דף פ״א)

בענין נשים צדקניות

מה שנשים היו יותר צדקניות שבזכותן נגאלו נראה משום ד,,כל כבודה בת מלך פנימה״ לכן לא למדו

---

matter entirely. Evil that is purposeful and planned with a well-thought-out agenda and a specific goal can, ר״ל, cause long-lasting harm of catastrophic proportions. Thus, the expression וַיָּרֵעוּ, *and they did evil,* refers to Pharaoh's intents and plans, for it was the thought behind the actions that made the bondage so severe.

☙ In the Merit of Righteous Women

The Gemara (*Sotah* 11b) relates that the Jews were liberated from Egypt in the merit of the *nashim tzidkoaios,* the righteous women. The women were able to remain more righteous than the men apparently because they adhered to the principle of *kol k'vudah bas melech p'nimah* (the honor of a princess is achieved when she remains within).

And afflicted us — as it says: They set taskmasters over them in order to oppress them with their burdens; and they built Pisom and Raamses as treasure cities for Pharaoh.[1]

They imposed hard labor upon us — as it says: The Egyptians subjugated the Children of Israel with hard labor.[2]

וַנִּצְעַק We cried out to HASHEM, the God of our fathers; and HASHEM heard our cry and saw our affliction, our burden and our oppression.[3]

We cried out to HASHEM, the God of our fathers — as it says: It happened in the course of those many days that the king of Egypt died; and the Children of Israel groaned because of the servitude and cried; their cry because of the servitude rose up to God.[4]

HASHEM heard our cry — as it says: God heard their groaning, and God recalled His covenant with Avraham, with Yitzchak, and with Yaacov.[5]

(1) *Exodus* 1:11. (2) 1:13. (3) *Deuteronomy* 26:7. (4) *Exodus* 2:23. (5) 2:24.

הרעות אשר רואין איך שעושין רובא דאינשי בעוה״ר ולכן שמרו התורה וקיום המצות. וגם לא למדו מדות הרעות דקנאה ותאוה ופריצות וכדומה והאנשים אשר בשביל פרנסה הוכרחו להיות בחוץ ולישא וליתן עם הרבה אנשים לומדין דברים הרעים מאלו הרשעים ובעוה״ר שעתה נפרץ צניעות הבנות ואין יושבות פנימה נתקלקלו הרבה יותר מאנשים ולכן צריך להשתדל על הבנות שיקיימו כבודה בת מלך פנימה. (מכת״י מרן זצוק״ל)

Thus, they were not exposed to the evil traits and conduct of the Egyptians, but instead remained at home, where they were able to preserve the Torah and observance of mitzvos. The men, however, were compelled to enter society in order to earn a living. Since perforce they were influenced by the wicked Egyptians with whom they had contact, they were unable to maintain their level of righteousness.

In present times, when most women can no longer remain "inside," women must be especially on guard against the corrosive and alien influences of the outside environment, and must strengthen their commitment to the ideals that are embodied in the principle of *kol k'vudah bas melech p'nimah.*

וַיַּרְא אֶת עָנְיֵנוּ — זוֹ פְּרִישׁוּת דֶּרֶךְ אֶרֶץ, כְּמָה שֶׁנֶּאֱמַר, וַיַּרְא אֱלֹהִים אֶת בְּנֵי יִשְׂרָאֵל, וַיֵּדַע אֱלֹהִים.[1]

וְאֶת עֲמָלֵנוּ — אֵלּוּ הַבָּנִים, כְּמָה שֶׁנֶּאֱמַר, כָּל הַבֵּן הַיִּלּוֹד הַיְאֹרָה תַּשְׁלִיכֻהוּ, וְכָל הַבַּת תְּחַיּוּן.[2]

וְאֶת לַחֲצֵנוּ — זוֹ הַדְּחַק, כְּמָה שֶׁנֶּאֱמַר, וְגַם רָאִיתִי אֶת הַלַּחַץ אֲשֶׁר מִצְרַיִם לֹחֲצִים אֹתָם.[3]

וַיּוֹצִאֵנוּ יהוה מִמִּצְרַיִם בְּיָד חֲזָקָה, וּבִזְרֹעַ נְטוּיָה, וּבְמֹרָא גָּדֹל, וּבְאֹתוֹת וּבְמֹפְתִים.[4]

וַיּוֹצִאֵנוּ יהוה מִמִּצְרַיִם — לֹא עַל יְדֵי מַלְאָךְ, וְלֹא עַל יְדֵי שָׂרָף, וְלֹא עַל יְדֵי שָׁלִיחַ, אֶלָּא הַקָּדוֹשׁ בָּרוּךְ הוּא בִּכְבוֹדוֹ וּבְעַצְמוֹ. שֶׁנֶּאֱמַר, וְעָבַרְתִּי בְאֶרֶץ מִצְרַיִם בַּלַּיְלָה הַזֶּה, וְהִכֵּיתִי כָל בְּכוֹר בְּאֶרֶץ מִצְרַיִם מֵאָדָם וְעַד בְּהֵמָה, וּבְכָל אֱלֹהֵי מִצְרַיִם אֶעֱשֶׂה שְׁפָטִים, אֲנִי יהוה.[5]

וְעָבַרְתִּי בְאֶרֶץ מִצְרַיִם בַּלַּיְלָה הַזֶּה — אֲנִי וְלֹא מַלְאָךְ. וְהִכֵּיתִי כָל בְּכוֹר בְּאֶרֶץ מִצְרַיִם — אֲנִי וְלֹא שָׂרָף. וּבְכָל אֱלֹהֵי מִצְרַיִם אֶעֱשֶׂה שְׁפָטִים — אֲנִי וְלֹא הַשָּׁלִיחַ. אֲנִי יהוה — אֲנִי הוּא, וְלֹא אַחֵר.

בְּיָד חֲזָקָה — זוֹ הַדֶּבֶר, כְּמָה שֶׁנֶּאֱמַר, הִנֵּה יַד יהוה הוֹיָה בְּמִקְנְךָ אֲשֶׁר בַּשָּׂדֶה, בַּסּוּסִים בַּחֲמֹרִים בַּגְּמַלִּים בַּבָּקָר וּבַצֹּאן, דֶּבֶר כָּבֵד מְאֹד.[6]

בענין ביד חוקה – זה הדבר

ביד חזקה זה הדבר. ולכאורה תמוה הא לא יצאו בשביל הדבר אלא במכת בכורות. וצ״ל שעיקר הפחד נפל עליהם מהדבר, וכמאמר ה׳ למשה שיאמר בהתראה לברד כי עתה שלחתי את ידי ואך אותך ואת עמך בדבר, אבל בטעותם חשבו כי רק בהמות יכול להרוג ולא אנשים, וכשראו מכת בכורות אף שידעו שרק הבכורות ימותו

◆§ Pestilence

With a mighty hand — refers to the pestilence — This requires explanation. The verse that the *Haggadah* now expounds reads: *Hashem*

And saw our affliction — that is the disruption of family life, as it says: God saw the Children of Israel and God took note.[1]

Our burden — refers to the children, as it says: Every son that is born you shall cast into the river, but every daughter you shall let live.[2]

Our oppression — refers to the pressure expressed in the words: I have also seen how the Egyptians are oppressing them.[3]

וַיּוֹצִאֵנוּ HASHEM brought us out of Egypt with a mighty hand and with an outstretched arm, with great awe, with signs and wonders.[4]

HASHEM brought us out of Egypt — not through an angel, not through a seraph, not through a messenger, but the Holy One, Blessed is He, in His glory, Himself, as it says: I will pass through the land of Egypt on that night; I will slay all the firstborn in the land of Egypt from man to beast; and upon all the gods of Egypt will I execute judgments; I, HASHEM.[5]

'I will pass through the land of Egypt on that night' — I and no angel; 'I will slay all the firstborn in the land of Egypt' — I and no seraph; 'And upon all the gods of Egypt will I execute judgments' — I and no messenger; 'I, HASHEM' — it is I and no other.

With a mighty hand — refers to the pestilence, as it is stated: Behold, the hand of HASHEM shall strike your cattle which are in the field, the horses, the donkeys, the camels, the herds, and the flocks — a very severe pestilence.[6]

---

(1) Exodus 2:25. (2) Exodus 1:22. (3) 3:9. (4) Deuteronomy 26:8. (5) Exodus 12:12. (6) 9:3.

---

brought us out of Egypt with a mighty hand ... This would seem to be a reference to the final plague of *makas bechoros*, the slaying of the firstborn, which compelled Pharaoh to finally permit — and even beg — the Jews to leave. Why, then, does the *haggadah* single out the plague of *dever*, pestilence, as the "mighty hand" of God that effected

וּבִזְרֹעַ נְטוּיָה — זוֹ הַחֶרֶב, כְּמָה שֶׁנֶּאֱמַר, וְחַרְבּוֹ שְׁלוּפָה בְּיָדוֹ, נְטוּיָה עַל יְרוּשָׁלָיִם.[1]

וּבְמֹרָא גָּדֹל — זוֹ גִּלּוּי שְׁכִינָה, כְּמָה שֶׁנֶּאֱמַר, אוֹ הֲנִסָּה אֱלֹהִים לָבוֹא לָקַחַת לוֹ גוֹי מִקֶּרֶב גּוֹי, בְּמַסֹּת, בְּאֹתֹת, וּבְמוֹפְתִים, וּבְמִלְחָמָה, וּבְיָד חֲזָקָה, וּבִזְרוֹעַ נְטוּיָה, וּבְמוֹרָאִים גְּדֹלִים, כְּכֹל אֲשֶׁר עָשָׂה לָכֶם יהוה אֱלֹהֵיכֶם בְּמִצְרַיִם לְעֵינֶיךָ.[2]

וּבְאֹתוֹת — זֶה הַמַּטֶּה, כְּמָה שֶׁנֶּאֱמַר, וְאֶת הַמַּטֶּה הַזֶּה תִּקַּח בְּיָדֶךָ, אֲשֶׁר תַּעֲשֶׂה בּוֹ אֶת הָאֹתֹת.[3]

וּבְמֹפְתִים — זֶה הַדָּם, כְּמָה שֶׁנֶּאֱמַר, וְנָתַתִּי מוֹפְתִים בַּשָּׁמַיִם וּבָאָרֶץ

As each of the words דָּם, *blood,* אֵשׁ, *fire,* and עָשָׁן, *smoke,* is said, a bit of wine is removed from the cup, with the index finger, or, if one is squeamish, by pouring.

דָּם וָאֵשׁ וְתִמְרוֹת עָשָׁן.[4]

דָּבָר אַחֵר — בְּיָד חֲזָקָה, שְׁתַּיִם. וּבִזְרֹעַ נְטוּיָה, שְׁתַּיִם. וּבְמֹרָא גָּדֹל, שְׁתַּיִם. וּבְאֹתוֹת, שְׁתַּיִם. וּבְמֹפְתִים, שְׁתַּיִם. אֵלּוּ עֶשֶׂר מַכּוֹת שֶׁהֵבִיא הַקָּדוֹשׁ בָּרוּךְ הוּא עַל הַמִּצְרִים בְּמִצְרַיִם, וְאֵלּוּ הֵן:

כמו שאמר להם משה ידעו שעכ״פ יכול להרוג גם אנשים, וממילא יראו מהדבר והבינו שיכול להרוג גם כולם כשלא ישמעו להניחם לצאת ממצרים, כמו שהרג את כל הבהמות, ונמצא שהדבר היה עיקר ההוצאה. (דרש משה, דף פ״א)

---

the redemption from Egypt?

We must say that of all the plagues, it was *dever* that contained the elements to strike the greatest fear in the hearts of the Egyptians — the fear of total destruction. Indeed, we find a reference to this in the warning which Moshe transmitted to Pharaoh prior to the plague of hail: *For now* [when I plagued your animals], *I would have sent out My hand and struck you and your people* [as well] *with pestilence. Dever* demonstrated God's power over life and death and His ability to slay thousands in an instant. However, the Egyptians did not allow the Jews

With an outstretched arm — refers to the sword, as it says: His drawn sword in His hand, outstretched over Jerusalem.[1]

With great awe — alludes to the revelation of the Shechinah, as it says: Has God ever attempted to take unto Himself a nation from the midst of another nation by trials, miraculous signs, and wonders, by war and with a mighty hand and outstretched arm and by awesome revelations, as all that HASHEM your God did for you in Egypt, before your eyes?[2]

With signs — refers to the miracles performed with the staff as it says: Take this staff in your hand, that you may perform the miraculous signs with it.[3]

With wonders — alludes to the blood, as it says: I will show wonders in the heavens and on the earth

As each of the words דָּם, blood, אֵשׁ, fire, and עָשָׁן, smoke, is said, a bit of wine is removed from the cup, with the index finger, or, if one is squeamish, by pouring.

Blood, fire, and columns of smoke.[4]

Another explanation of the preceding verse: [Each phrase represents two plagues,] hence: mighty hand — two; outstretched arm — two; great awe — two; signs — two; wonders — two. These are the ten plagues which the Holy One, Blessed is He, brought upon the Egyptians in Egypt, namely:

(1) *I Chronicles* 21:16. (2) *Deuteronomy* 4:34. (3) *Exodus* 4:17. (4) *Joel* 3:3.

to leave even after this revelation, for they still clung to the hope that God's dominion extended only over the animal kingdom, but that He could not kill humans. This hope was dispelled by the slaying of the firstborns, where God demonstrated that he could kill the Egyptian people as well. Even though only firstborns were killed, the Egyptians realized that they could be wiped out just as the animals were during the *dever*, unless they would heed God's command to free the Jews. Thus *makas bechoros* actually illustrated the full power of *dever*, the most awesome of the plagues. *Dever* is therefore referred to as the "mighty hand," which effected the redemption from Egypt.

As each of the plagues is mentioned, a bit of wine is removed from the cup as above. The same is done by each word of Rabbi Yehudah's mnemonic.

דָּם. צְפַרְדֵּעַ. כִּנִּים. עָרוֹב. דֶּבֶר. שְׁחִין. בָּרָד. אַרְבֶּה. חֹשֶׁךְ. מַכַּת בְּכוֹרוֹת.

רַבִּי יְהוּדָה הָיָה נוֹתֵן בָּהֶם סִמָּנִים:

דְּצַ״ךְ • עֲדַ״שׁ • בְּאַחַ״ב.

בענין המכות

והנה כשהקב״ה רצה לגאול ישראל ולהביאם לא״י לא רצה שתהי׳ מלוכה כמלוכת או״ה אלא ממלכת כהנים וגוי קדוש כדאיתא בקרא [שמות יט ו], והוא שיהי׳ המלך הקב״ה וישראל ישתדלו ללכת בדרך התורה, ולכן גזר שיהיו תחלה בגלות מצרים וידעו איך שרע מאד מלוכת או״ה ואיך הם טועים בהנהגתם, שראו בזה שפרעה הי׳ מעניש קשה על רציחה שהרי לא חס גם על משה שהי׳ בן ביתו ולא הועיל השתדלות בתו בתי׳ להצילו, וכמו כן כל החקים שבין אדם לחבירו כגזילה ואונאה בודאי ענשו ע״ז, ומ״מ העבידו את בנ״י בפרך וגזרו [שם א כב] כל הבן הילוד היאורה תשליכוהו, ולא רק פרעה אחד אלא הרבה מלכים שנתחלפו במשך העת, כדכתיב [שם ב כג] וימת מלך מצרים ומ״מ ויאנחו בנ״י, ולא ימלט שהי׳ אחד

◆§ The Ten Plagues

It was God's will that the Jewish nation establish a kingdom in *Eretz Yisrael* unlike any other. It was to be a "kingdom of priests and a holy nation" (*Exodus* 19:6). Its supreme ruler was the King of kings and its statutes were the timeless laws of Torah. It was therefore necessary that prior to establishing its own kingdom, the Jewish people endure the Egyptian exile, so that they would clearly perceive the wickedness of other kingdoms and the fallacy of their ways.

An example of this is seen in the plague of blood. One of the purposes of turning all the waters of Egypt into blood was to expose to the Jews the true bloodthirsty nature of the Egyptian monarchy. This monarchy had laws forbidding murder and enforced them, as in the case of Moshe *Rabbeinu*, who — despite being raised in the king's palace by the king's daughter — had to flee to escape execution for killing an Egyptian. Yet, we know that Pharaoh had no qualms about decreeing that all Jewish male newborns be thrown into the Nile! All the evil decrees against the Jews were justified with the baseless contention, "... lest they multiply, and, if we should happen to have war, they will

As each of the plagues is mentioned, a bit of wine is removed from the cup as above. The same is done by each word of Rabbi Yehudah's mnemonic.

1. Blood 2. Frogs 3. Vermin 4. Wild Beasts 5. Pestilence 6. Boils 7. Hail 8. Locusts 9. Darkness 10. Plague of the Firstborn.

Rabbi Yehudah abbreviated them by their Hebrew initials:

D'TZACH, ADASH, B'ACHAV.

מהן יותר טוב בהנהגתו עם עמו, ומ״מ כולם כאחד הרשיעו נגד ישראל מאד במצאם תירוץ ע״ז פן ירבה ונוסף על שונאינו [שם א י], וספק הרחוק הזה נעשה להם כודאי והצטדקו בפני כל העולם בזה אף שאין שום מקור לזה, וא״כ הבינו בזה שהם רשעים גמורים מאד אף שמענישין מאד על רציחה וכדומה, שהוא רק מחמת הרגל השם שהוא דבר מגונה, אבל זהו דבר חדש שהרי יש להם תירוץ נכון ע״ז, ואין חוששין בזה שהורגין ומעבידין בנ״א, והוא מחמת שיש להם מדות הרעות דקנאה תאוה וכבוד שקנאו בבנ״י שפרו ורבו והעשירו, וקנאו ביוסף, וזה גרם להם שיהיו אכזרים כאלה במעשים רעים מאד נגד עם ישראל, וכדי שיראו שהמדות הם הסבות לרשעותם שמחמת זה הם רוצחים גמורים, ואף בשעה שאין עושין כלום דהוא רק מחמת שלא נזדמן להם מה לרצוח, הראה להם הקב״ה במכת דם שלא רק בעת שאתם הורגים

---

join our enemies . . ." (*Exodus* 1:10). The oppression and brutalization of the Israelites were not the isolated policies of a single Pharaoh, but rather of a succession of Pharaohs, as the verse states (*Ex.* 2:23) *And the king of Egypt died, and the Children of Israel* [still] *groaned from the bondage* . . . Inevitably, some Pharaohs were more benevolent than others towards their own people. Yet, they were equally evil in the injustices that they perpetrated on the Jews. Thus, it was demonstrated that the Egyptian outlawed murder only because civilization had for centuries deemed it unacceptable. However, murder that could be rationalized with some far-fetched consideration of self-defense — especially when fueled by jealousy of the Jews' material success and phenomenal growth — was perfectly acceptable, even welcomed. It was the monarch's lowly character, his jealousy, unbridled passion and desire for honor that was at the root of his cruelty.

God revealed this to the Israelites through the plague of blood. The rivers of water-turned-blood symbolized that their oppressors were essentially murderers even when not actually engaged in killing — even their ordinary "water" was in essence "blood." The Jews were to learn from this that the utmost depravity can result when man considers

רַבִּי יוֹסֵי הַגְּלִילִי אוֹמֵר: מִנַּיִן אַתָּה אוֹמֵר שֶׁלָּקוּ הַמִּצְרִים בְּמִצְרַיִם עֶשֶׂר מַכּוֹת וְעַל הַיָּם לָקוּ חֲמִשִּׁים מַכּוֹת? בְּמִצְרַיִם מָה הוּא אוֹמֵר, וַיֹּאמְרוּ הַחַרְטֻמִּם אֶל פַּרְעֹה, אֶצְבַּע אֱלֹהִים הִוא.[1] וְעַל הַיָּם מָה הוּא אוֹמֵר, וַיַּרְא יִשְׂרָאֵל אֶת הַיָּד הַגְּדֹלָה אֲשֶׁר עָשָׂה יהוה בְּמִצְרַיִם, וַיִּירְאוּ הָעָם אֶת יהוה, וַיַּאֲמִינוּ בִּיהוה וּבְמֹשֶׁה עַבְדּוֹ.[2] כַּמָּה לָקוּ בְאֶצְבַּע? עֶשֶׂר מַכּוֹת. אֱמוֹר מֵעַתָּה, בְּמִצְרַיִם לָקוּ עֶשֶׂר מַכּוֹת, וְעַל הַיָּם לָקוּ חֲמִשִּׁים מַכּוֹת.

רַבִּי אֱלִיעֶזֶר אוֹמֵר. מִנַּיִן שֶׁכָּל מַכָּה וּמַכָּה שֶׁהֵבִיא הַקָּדוֹשׁ בָּרוּךְ הוּא עַל הַמִּצְרִים בְּמִצְרַיִם הָיְתָה שֶׁל אַרְבַּע מַכּוֹת? שֶׁנֶּאֱמַר, יְשַׁלַּח בָּם חֲרוֹן אַפּוֹ — עֶבְרָה, וָזַעַם, וְצָרָה, מִשְׁלַחַת מַלְאֲכֵי רָעִים.[3] עֶבְרָה, אַחַת. וָזַעַם, שְׁתַּיִם. וְצָרָה, שָׁלֹשׁ. מִשְׁלַחַת מַלְאֲכֵי רָעִים, אַרְבַּע. אֱמוֹר מֵעַתָּה, בְּמִצְרַיִם לָקוּ אַרְבָּעִים מַכּוֹת, וְעַל הַיָּם לָקוּ מָאתַיִם מַכּוֹת.

ומעבידים אתם רשעים, דאף בשעה שלא עשו כלום נמי הם רוצחים שאף המים שלהם הוא דם. ועי״ז נודעו מקור החולי, וצריך לבקש רפואה. והרפואה היא שמתחלה צריך שיהי׳ להם אמונה, ונודעו זה משדוד הטבע. וממכת צפרדעים נודעו איך שצריך למסור נפשם על מצות ה׳ ק״ו מצפרדעים כדאיתא בפסחים [נג ב]. וממכת ערוב ודבר נודעו איך שהקב״ה משגיח על

---

himself as the sole master of his fate and human passion is allowed to go unchecked by an awareness of God's Providence.

The plagues demonstrated the concepts through which man overcomes these human failings. For example: The plague of blood demonstrated the fundamental concept that there is a God, Who controls nature, and can suspend it at will. From the plague of frogs the Jews learned that one must be prepared to sacrifice his life for God's will, for — as the Midrash relates — the frogs willingly jumped into the ovens of the Egyptians to fulfill the Divine mandate. The

רַבִּי יוֹסֵי Rabbi Yose the Galilean said: How does one derive that the Egyptians were struck with ten plagues in Egypt, but with fifty plagues at the Sea? — Concerning the plagues in Egypt the Torah states: The magicians said to Pharaoh, 'It is the finger of God.'[1] However, of those at the Sea, the Torah relates: Israel saw the great 'hand' which HASHEM laid upon the Egyptians, the people feared HASHEM and they believed in HASHEM and in His servant Moshe.[2] How many plagues did they receive with the finger? Ten! Then conclude that if they suffered ten plagues in Egypt [where they were struck with a finger], they must have been made to suffer fifty plagues at the Sea [where they were struck with a whole hand].

רַבִּי אֱלִיעֶזֶר Rabbi Eliezer said: How does one derive that every plague that the Holy One, Blessed is He, inflicted upon the Egyptians in Egypt was equal to four plagues? — for it is written: He sent upon them his fierce anger: wrath, fury, and trouble, a band of emissaries of evil.[3] [Since each plague in Egypt consisted of] 1) wrath, 2) fury, 3) trouble and 4) a band of emissaries of evil, therefore conclude that in Egypt they were struck by forty plagues and by the Sea two hundred!

(1) *Exodus* 8:15. (2) 14:31. (3) *Psalms* 78:49.

העולם, אף ששלח דבר שהיא מכה מתדבקת מ״מ לא מתו משל ישראל, וכן הערוב לא נגע בישראל לרעה משום שהקב״ה משגיח בפרט על כל איש ודבר. וממכת ברד נודענו איך שציווי הקב״ה מכריח שהאש לא כבה מהמים אף שטבעו לכבות, וא״כ לא יתנצל האדם שיצרו גבר עליו, שמאחר שצוה הקב״ה יכול לשמוע לו, דהא בעצם צריך להיות מוכרח אף שהוא נגד

---

plagues of wild beasts and pestilence demonstrated *hashgachah pratis,* precise Divine Providence over every person and thing, for the pestilence did not harm the cattle of even one Jew, and the wild beasts did not attack a single Jew. In the plague of hail, God sent hailstones containing fire upon the land of Egypt. This clearly defied nature, as the water of the hailstones did not extinguish the fire. Thus, we see the

רַבִּי עֲקִיבָא אוֹמֵר. מִנַּיִן שֶׁכָּל מַכָּה וּמַכָּה שֶׁהֵבִיא הַקָּדוֹשׁ בָּרוּךְ הוּא עַל הַמִּצְרִים בְּמִצְרַיִם הָיְתָה שֶׁל חָמֵשׁ מַכּוֹת? שֶׁנֶּאֱמַר, יְשַׁלַּח בָּם חֲרוֹן אַפּוֹ, עֶבְרָה, וָזַעַם, וְצָרָה, מִשְׁלַחַת מַלְאֲכֵי רָעִים. חֲרוֹן אַפּוֹ, אַחַת. עֶבְרָה, שְׁתַּיִם. וָזַעַם, שָׁלֹשׁ. וְצָרָה, אַרְבַּע. מִשְׁלַחַת מַלְאֲכֵי רָעִים, חָמֵשׁ. אֱמוֹר מֵעַתָּה, בְּמִצְרַיִם לָקוּ חֲמִשִּׁים מַכּוֹת, וְעַל הַיָּם לָקוּ חֲמִשִּׁים וּמָאתַיִם מַכּוֹת.

כַּמָּה מַעֲלוֹת טוֹבוֹת לַמָּקוֹם עָלֵינוּ.

אִלּוּ הוֹצִיאָנוּ מִמִּצְרַיִם,
וְלֹא עָשָׂה בָהֶם שְׁפָטִים, דַּיֵּנוּ.
אִלּוּ עָשָׂה בָהֶם שְׁפָטִים,
וְלֹא עָשָׂה בֵאלֹהֵיהֶם, דַּיֵּנוּ.
אִלּוּ עָשָׂה בֵאלֹהֵיהֶם,
וְלֹא הָרַג אֶת בְּכוֹרֵיהֶם, דַּיֵּנוּ.
אִלּוּ הָרַג אֶת בְּכוֹרֵיהֶם,
וְלֹא נָתַן לָנוּ אֶת מָמוֹנָם, דַּיֵּנוּ.
אִלּוּ נָתַן לָנוּ אֶת מָמוֹנָם,
וְלֹא קָרַע לָנוּ אֶת הַיָּם, דַּיֵּנוּ.
אִלּוּ קָרַע לָנוּ אֶת הַיָּם,
וְלֹא הֶעֱבִירָנוּ בְתוֹכוֹ בֶּחָרָבָה, דַּיֵּנוּ.

תאותיו רק שהקב״ה נתן לו כח בחירה שיכול לעשות נגד ציווי הקב״ה, ובל״ז לא הי״ל באפשר לעשות נגד רצון ה׳, ולא נתן לו הקב״ה רק יכולת ולא הכרח שיעבור רצון ה׳, וא״כ בודאי שנקל לו לקיים מצות ה׳. (דרש משה דרוש ח׳)

---

overriding power of the Divine command. This lesson counters those who claim that their evil inclination is too powerful to overcome. For in fact, the Divine command that we resist our Evil Inclination's

רַבִּי עֲקִיבָא Rabbi Akiva said: How does one derive that each plague that the Holy One, Blessed is He, inflicted upon the Egyptians in Egypt was equal to five plagues? — For it is written: He sent upon them His fierce anger, wrath, fury, trouble, and a band of emissaries of evil. [Since each plague in Egypt consisted of] 1) fierce anger, 2) wrath, 3) fury, 4) trouble and 5) a band of emissaries of evil, therefore conclude that in Egypt they were struck by fifty plagues and by the Sea two hundred and fifty!

The Omnipresent has bestowed so many favors upon us!

Had He brought us out of Egypt,
> but not executed judgments against the Egyptians,
>> it would have sufficed us.

Had He executed judgments against them,
> but not upon their gods,   it would have sufficed us.

Had He executed judgments against their gods,
> but not slain their firstborn,   it would have sufficed us.

Had He slain their firstborn,
> but not given us their wealth, it would have sufficed us.

Had He given us their wealth,
> but not split the Sea for us,   it would have sufficed us.

Had He split the Sea for us,
> but not led us through it on dry land,
>> it would have sufficed us.

---

enticements should have the power to make it impossible for us to sin, just as the hailstones could not possibly go against His will and extinguish the fire. God has given man the ability to sin by endowing him with freedom of choice, so that he be rewarded for his free-willed loyalty to God. Certainly, God did not endow man with a nature that *compels* him to sin.

אִלּוּ הֶעֱבִירָנוּ בְתוֹכוֹ בֶּחָרָבָה,
וְלֹא שִׁקַּע צָרֵינוּ בְּתוֹכוֹ, דַּיֵּנוּ.
אִלּוּ שִׁקַּע צָרֵינוּ בְּתוֹכוֹ,
וְלֹא סִפֵּק צָרְכֵּנוּ בַּמִּדְבָּר אַרְבָּעִים שָׁנָה, דַּיֵּנוּ.
אִלּוּ סִפֵּק צָרְכֵּנוּ בַּמִּדְבָּר אַרְבָּעִים שָׁנָה,
וְלֹא הֶאֱכִילָנוּ אֶת הַמָּן, דַּיֵּנוּ.
אִלּוּ הֶאֱכִילָנוּ אֶת הַמָּן,
וְלֹא נָתַן לָנוּ אֶת הַשַּׁבָּת, דַּיֵּנוּ.
אִלּוּ נָתַן לָנוּ אֶת הַשַּׁבָּת,
וְלֹא קֵרְבָנוּ לִפְנֵי הַר סִינַי, דַּיֵּנוּ.
אִלּוּ קֵרְבָנוּ לִפְנֵי הַר סִינַי,
וְלֹא נָתַן לָנוּ אֶת הַתּוֹרָה, דַּיֵּנוּ.

בענין המן

...ובפרט אחר שאכלו את המן שהמרבה לא העדיף והממעיט לא החסיר [שמות טז יח], ורק כאשר נגזר עליו מן השמים יש לו ויהי׳ לו, ולכן אין לו מה לקנאות בחבירו, ובפרט אחרי שעולם עובר הוא ועיקר תכלית העולם הוא שיהיו ממלכת כהנים וגוי קדוש. (דרש משה, דרוש ח׳)

...והוא כזרע גד [שמות טז לא]. ממה שעשה השי״ת נסים בהמן שירד לפי הנפשות שע״פ דין תורה הם במשפחתו כדאיתא ביומא [עה א], הוא למוד גם לדורות, שאם הקב״ה נותן לאחד הרבה ידע ששייך היתרון

◆§ The Manna

Had He fed us the manna — The lessons of the manna are timeless and vital. With regard to the manna, the Torah states: "He who collected much did not have extra, and he who collected less did not lack" (*Ex.* 16:18). This taught the Jews that Hashem, the Provider of all sustenance, grants each person exactly what he needs, no more and no less. There is certainly, then no reason to be envious of a larger portion granted to someone else, especially when one bears in mind that our earthly existence is transitory and that our mission in life is to be "a kingdom of priests and a holy nation."

Furthermore, one who is blessed from Above with material success should understand that, as in the Wilderness, he is to take for himself

Had He led us through on dry land,
but not drowned our oppressors in it,
it would have sufficed us.
Had He drowned our oppressors in it, but not provided for our needs in the desert for forty years,
it would have sufficed us.
Had He provided for our needs in the desert for forty years,
but not fed us the manna, it would have sufficed us.
Had He fed us the manna,
but not given us the Shabbos, it would have sufficed us.
Had He given us the Shabbos,
but not brought us before Mount Sinai,
it would have sufficed us.
Had He brought us before Mount Sinai,
but not given us the Torah, it would have sufficed us.

לאחרים, והם למי שצוה השי״ת ליתן שהוא הצדקה ולהחזקת תורה ולכל דבר שבקדושה, ולכה״פ שיעור המעשר והחומש הוא ודאי ניתן בשביל דברים אלו. (דרש משה, פרשת בשלח)

בענין אלו קרבנו לפני הר סיני ולא נתן לנו את התורה

אלו קרבנו לפני הר סיני ולא נתן לנו את התורה דיינו. הדיינו בלא נתינת התורה לא מובן, דהעיקר של הגאולה היא נתינת התורה. אך הכוונה היא שלא היתה נתינת התורה באופן פומבי אלא בצנעה ע״י משה לבד, ואף שנאמר זה בקריבה לפני הר סיני, נראה שהיה אפשר שהיתה קריבה קודם נתינת התורה והנתינה היה רק ע״י משה בלבד, ולכן על מה שהיתה הנתינה

---

only as much as he truly needs. The rest is not his; it was given to him to give to the poor, to Torah institutions, and to other worthy causes. At the very least, he should set aside *ma'aser* (one-tenth) or a *chomesh* (one-fifth) of his earnings for this purpose.

. . . But Not Given Us the Torah

Had He had brought us before Mount Sinai, but not given us the Torah, it would have sufficed us. This statement poses an obvious difficulty, since the very purpose of the Redemption was that the Jews receive the Torah at Sinai, how can we say that it would have been sufficient to have been brought to Sinai without receiving the Torah?

אִלּוּ נָתַן לָנוּ אֶת הַתּוֹרָה,
וְלֹא הִכְנִיסָנוּ לְאֶרֶץ יִשְׂרָאֵל, דַּיֵּנוּ.
אִלּוּ הִכְנִיסָנוּ לְאֶרֶץ יִשְׂרָאֵל,
וְלֹא בָנָה לָנוּ אֶת בֵּית הַבְּחִירָה, דַּיֵּנוּ.

עַל אַחַת כַּמָּה, וְכַמָּה טוֹבָה כְפוּלָה וּמְכֻפֶּלֶת לַמָּקוֹם עָלֵינוּ. שֶׁהוֹצִיאָנוּ מִמִּצְרַיִם, וְעָשָׂה בָהֶם שְׁפָטִים,

---

בפומבי היא מעלה אחריתי. [הוספה מהגר״ד פיינשטיין שליט״א: אאמו״ר זצ״ל היה רגיל לומר על מה שהקשינו בליל פסח על הפזמון אלו קרבנו לפני הר סיני ולא נתן לנו את התורה דיינו מה תועלת הקריבה להר סיני אם לא ליתן התורה. היה אומר לקבל שכר על מצות דבני נח. ולא הבנתי מה שהי׳ רוצה לומר מה שייכות ז׳ מצות להר סיני עד שראיתי מה שאמר בדרש משה חלק א׳ בפ׳ ברכה על הפסוק וזרח משעיר . . . (הועתק למטה):]

. . .לפ״מ שכתב הרמב״ם [ה׳ מלכים פ״ח הי״א] שבני נח שעושין לא מצד שיודעין שהשי״ת ציוה ע״י משה שחייבין בהז׳ מצוות, אינו לא מחסידיהם ולא מחכמיהם, והטעם שעד מתן תורה היה הציווי מצד שהוא דבר

The intent would seem to be that it would have been sufficient for us had God brought us before Mount Sinai and not given us the Torah by Himself. It would have been sufficient even had He merely brought us before Mt. Sinai and then would have given the Torah to us through Moshe *Rabbeinu*. That God Himself gave the Torah *directly* to us before the entire nation was an additional benefit for which we must thank Him.

[The Rosh Yeshivah, זצ״ל, often answered this question differently: Namely, that our being brought to Mt. Sinai would have gained for us the reward that we would thenceforth earn for adhering to the seven Noahide mitzvos, which had always been incumbent on all of mankind.

His son, Reb Dovid, שליט״א, notes that the following comments of the Rosh Yeshivah, זצ״ל, shed light on his intent in this last answer —]

The *Rambam* writes that a gentile who performs all the seven mitzvos incumbent on him because he sees their validity, but not because the Torah given to Moses *obligates* him to fulfill them, is considered neither righteous nor wise. The explanation for this would seem to lie in a fundamental difference between the performance of

Had He given us the Torah,
but not brought us into the Land of Israel,
it would have sufficed us.
Had He brought us into the Land of Israel,
but not built the Temple for us,
it would have sufficed us.

עַל Thus, how much more so, should we be grateful to the Omnipresent for all the numerous favors He showered upon us: He brought us out of Egypt; executed judgments

---

רע ומחריב העולם, ובאופן זה למדו את העם, ולכן לא היה קיום לזה שעשו כסברת עצמן הטועה, כדור אנוש שכשרוצין לעבוד השי״ת היו עובדין גם לחמה וללבנה ולמלאכים, כדביאר הרמב״ם ריש הלכות ע״ז, וכן יש לטעות הרבה בגזל ורציחה כידוע, וכמו שרואין אנו בעינינו מתועבות הגוים בכל אלו, וכדבארתי [בראשית כ יא] בפירוש אין יראת אלקים במקום שהוא בהמצוה, ולכן במתן תורה נאמר שמהיום גם בני נח צריכין לקיים המצות שנצטוו מכבר לא מצד השכל שהוא דבר נכון אלא מצד ציווי השי״ת למשה בהר סיני, שרק אז הוא מחסידי וחכמי אומות העולם.
(דרש משה, דף פ״א ודף קע״ו)

---

these precepts before the giving of the Torah at Sinai and afterwards. Although these precepts had been performed by Jews and members of other nations for many centuries prior to the giving of the Torah at Sinai, these laws were performed merely as means to prevent anarchy and preserve peace in the world. This was the way that all the nations taught their descendants to observe these laws — in order that the world should not be destroyed. Unfortunately, since the nations developed their own opinions as to what was good for the world, they began to create exceptions and rationalize them by claiming that they were necessary for the good of the world — just as the generation of Enosh, while wishing to worship God, made the mistake of worshiping the sun and the moon as well. Similarly, when Avraham *Avinu* told Avimelech, the king of Gerar, "For there is no fear of God in this place" (*Genesis* 20:11), he did not mean to say that Gerar was a lawless land. For had Gerar been lawless, Avimelech would not have bothered to ask Avraham what he had seen that caused him to hide Sarah! Rather, Avraham replied that there was no fear of God involved when it came to the fulfilling of the laws. Therefore, a breakdown of law was

וְעָשָׂה בֵאלֹהֵיהֶם, וְהָרַג אֶת בְּכוֹרֵיהֶם, וְנָתַן לָנוּ אֶת מָמוֹנָם, וְקָרַע לָנוּ אֶת הַיָּם, וְהֶעֱבִירָנוּ בְתוֹכוֹ בֶּחָרָבָה, וְשִׁקַּע צָרֵינוּ בְּתוֹכוֹ, וְסִפֵּק צָרְכֵּנוּ בַּמִּדְבָּר אַרְבָּעִים שָׁנָה, וְהֶאֱכִילָנוּ אֶת הַמָּן, וְנָתַן לָנוּ אֶת הַשַּׁבָּת, וְקֵרְבָנוּ לִפְנֵי הַר סִינַי, וְנָתַן לָנוּ אֶת הַתּוֹרָה, וְהִכְנִיסָנוּ לְאֶרֶץ יִשְׂרָאֵל, וּבָנָה לָנוּ אֶת בֵּית הַבְּחִירָה, לְכַפֵּר עַל כָּל עֲוֹנוֹתֵינוּ.

The cups are now refilled to replace the wine that was removed during the recital of the plagues. The wine that was removed is not used.

רַבָּן גַּמְלִיאֵל הָיָה אוֹמֵר. כָּל שֶׁלֹּא אָמַר שְׁלֹשָׁה דְּבָרִים אֵלּוּ בַּפֶּסַח, לֹא יָצָא יְדֵי חוֹבָתוֹ, וְאֵלּוּ הֵן,

---

בענין ונתן לנו את השבת

... דמשבת ידעינן שהשי״ת ברא הכל יש מאין, ומפסח ידעינן שהשי״ת מנהיג את העולם כאמור בכתוב. וחזינן דאף שיש מי שיודה שהשי״ת מנהיג העולם ומ״מ יכפור ח״ו בחדוש העולם כאריסטו וחבריו, והוא נחשב מין וכופר, דלכן המחלל שבת בפרהסיא הוא כעכו״ם מטעם שנראה ככופר

---

possible at any time.

Observance of these seven laws in this manner is relative rather than absolute, and cannot be construed as righteous or wise. But once the Torah was given at Sinai, the gentiles, too, had to fulfill their laws because God *commanded* them, not for any logical or pragmatic reasons. [This, then, is what the *Hagaddah* means: If we had not been given any of the additional mitzvos contained in the Torah, but had only been told that from that point on we would have to observe the seven mitzvos already in our possession for the sole purpose of adhering to God's will, we would have profited greatly.]

◆§ Shabbos

The precept of the Sabbath is most essential to our belief; the precept of Pesach alone does not truly suffice. For although Pesach instills in us the knowledge of God's intimate guidance of the world's affairs, it is the Sabbath that imbues us with the fundamental principle that God created against the Egyptians; and against their gods; slew their firstborn; gave us their wealth; split the Sea for us; led us through it on dry land; drowned our oppressors in it; provided for our needs in the desert for forty years; fed us the manna; gave us the Shabbos; brought us before Mount Sinai; gave us the Torah; brought us to the Land of Israel; and built us the Temple, to atone for our sins.

The cups are now refilled to replace the wine that was removed during the recital of the plagues. The wine that was removed is not used.

רַבָּן גַּמְלִיאֵל Rabban Gamliel used to say: Whoever has not explained the following three things on Passover has not fulfilled his duty, namely:

במעשה בראשית, אף שאפשר שמודה בהנהגת השי"ת דשומר פסח כראוי, והטעם שבלא האמונה בבריאת העולם, אלא שנמצא שח"ו יש עוד כח, אין אמונתו בהנהגה כלום, שהרי אפשר לאיזה דבר שלא יוכל ח"ו לעשות. וזה היתה טעות פרעה שאף שכבר ידע מהמכות שהשי"ת מנהיג העולם, כיון

שלא האמין בחדוש העולם שהשי"ת ברא הכל, חשב שימצא זמן שלא יוכל לעשות כלום מצד הכח האחר שיש בעולם... ונמצא ששבת הוא הגדול והעיקר מכל העיקרים שבלא זה נתבטל הכל. ומטעם זה נאמר שבת במועדות [ויקרא כג:ג] שבלא זה אין האמונה שהשי"ת מנהיג העולם שהיא הידיעה

---

the entire universe *out of nothing.* Thus, He is the *sole* power and is truly omnipotent. Pharaoh was fully cognizant of the message of Pesach — he experienced God's power through the ten plagues that devastated his country. But Pharaoh had not absorbed the lesson of the Sabbath — that God is the absolute Creator of everything and absolutely omnipotent. Thus, Pharaoh continued to defy God, thinking that though powerful He is not *all*-powerful, and that there are things which He cannot do and that other powers besides Him exist.

Thus, the precept of the Sabbath is fundamental to true belief in God, and essential to Jewish thought and practice. As the Gemara (*Chullin* 5a) teaches, a Jew who publicly desecrates the Sabbath is considered like a gentile — even if he fully observes the precept of Pesach and acknowledges God's guidance of the world. For the knowledge that God is the *sole* Creator and is omnipotent is the foundation upon which the rest of Torah is built. It is for this reason that the Torah lists the Sabbath among the Festivals (*Leviticus* 23:3). Both precepts are essential comple-

פֶּסַח. מַצָּה. וּמָרוֹר.

מהמועדות, כלום, וכן צריך לידע שהשי״ת מנהיג, דבלא זה אינו מועיל מה שידע שהשי״ת ברא העולם. (דרש משה, דף ע״ט)

בענין פסח מצה ומרור

כל שלא אמר פסח מצה ומרור וכו׳. הנה אף שאין לומר הטעמים דכל המצות, משום שהדינים ברוב המצות אינם שוים לפי הטעמים, אף הטעמים האמיתיים, והוא משום שיש עוד טעמים נסתרים, ומפורש בגמ׳ [סנהדרין כא ב] שלא נתגלו טעמן של מצות לבד של לא ירבה שנאמר במלך, וא״כ הוא כמפורש שגם טעמי פסח מצה ומרור לא נתגלו, ומ״מ חייב לומר טעמים אלו שאומר הקרא בהם, וצריך להבין. ונראה משום שהוא התכלית שיש לנו מחג הפסח לכל השנה ולעולם, שנדע שהשי״ת הוא עושה לנו נסים לעולם בין שידוע לנו ובין שלא ידוע לנו, למשל כשאחד הלך בדרך בין המהלך ברגליו ובין הנוסע במאשין ולא אירע לו אסון, לא יחשוב שהוא בדרך טבעי, אלא שהוא הנהגה מיוחדת מהשי״ת שנתן דעה בלב המזיקים והליסטים ובלב הנוסעים במאשינעס בלא אחריות באופן הפקר – שמצד זה מצוי כמה היזקות ורציחות

mentary. We must know that God created the world out of nothing and constantly guides it. Knowledge of one without the other is insufficient.

◆§ Pesach, Matzah and Maror

Our obligation to perform God's mitzvos does not depend on our understanding their reasons. For, in fact, even the true reasons that we know for certain mitzvos seldom account for the many details of the mitzvah. That is because there are usually additional hidden reasons for the mitzvah that we have not discovered. Accordingly, we must seek to understand why Rabban Gamliel requires us to explain the reasons for the mitzvos of *Pesach, matzah,* and *maror* — a requirement not found regarding other mitzvos. [Today, when there are free-thinkers who reject the Biblical account of the Exodus and deny the true antiquity of the Pesach observance and falsely claim that it was instituted only during the First Temple under the reign of Yoshiyahu, we benefit greatly from the Sages' insistence on explaining these observances at length: This insistence of the Sages clearly disproves these false claims and shows the observances do in fact date from the Exodus from Egypt. For had the Pesach observance been a later invention, its originators would certainly not have wanted the sources examined too deeply! Furthermore, the child, whose questioning of the observance was to be answered with a detailed recounting of the Biblical account of the Exodus, would certainly have challenged that this could not be true since no such story was told or

PESACH — the Pesach offering;
MATZAH — the unleavened bread;
MAROR — the bitter herbs.

— שלא יהיו אז בדרך, כי צוה השי״ת כן כדי לשמרו, והאדם אינו מרגיש בהנס והנהגת השי״ת להצילו אלא כשפגע בו מזיק וניצול ממנו, וכשפגע במאשין שלו מאשין אחר ויצא שלם, אבל האמת שגם כשלא ראה כלום בדרך הוא הנהגה מהשי״ת, וזה ידעינן מפסח אשר פסח על ישראל והכה את המצרים בין בהיותם במקומות אחרים בין בהיותם במקום אחד, אף שבמקום אחד הרגישו בהנס יותר מאם היו במקומות אחרים. . . .

. . . והנה בפסחים [קטז א] איתא רבן גמליאל היה אומר כל שלא אמר ג׳ דברים אלו בפסח לא יצא י״ח ואלו הן פסח מצה ומרור וכו׳. וצריך להבין מ״ט הצריכו בג׳ מצות אלו שנבאר טעמם הא בכל מצות לא הקפידו ע״ז. [איברא דלפי מה שבעוה״ר בשנים אלו רוצים פריצי עמנו להכחיש יציאתנו ממצרים ולומר להד״ם ובודים מלבם דברי שקר ושטות בענין חג הפסח, ושנעשה זה רק בימי יאשי׳ המלך, נכון מאד מה שהצריכו לדבר ולשאול, שזה מוכיח

observance held in previous years. Thus, the emphasis on having the child ask and discuss the matter with him in detail prove the truth of the narrative. But though nowadays we can appreciate the benefit derived in this way from the Sages' charge, we must still seek to discover the primary *reason* for this insistence.]

It would seem that these three essential mitzvos of Pesach must be expounded because of the enduring and timeless importance of the Pesach message throughout our lives. For Pesach teaches us that we area always under God's providential care and He always performs myriads of miracles for us, many of which we are often completely unaware. For example, people are always aware of the miracle of emerging unscathed from an auto collision or other accident. But one must be equally aware that when his trip — or even walk — has been uneventful, it was the Providence of God that prevented reckless drivers and many other instruments of harm from crossing his path and threatening his well being.

This lesson is clearly contained in the mitzvah of the *Pesach* offering, which commemorates the fact that God *"passed over the houses of the Children of Israel in Egypt when He struck the Egyptians* (by killing their firstborns) *and He spared our houses"* (*Ex*. 12:27). There are great lessons to be learned from this. First, we see that Hashem did not rain indiscriminate destruction on Egypt. He killed every Egyptian firstborn, whether this Egyptian lived among the Jews or in a separate location.

בגלוי שהי' כן מעת יציאת מצרים, דאל"כ הרוצה לשקר אין רוצה שיחקרו הרבה בזה, וגם הלא כשהי' מתרץ לבנו שהיינו במצרים הי' אומר שקר אתה אומר שהרי בשנה העברה לא חגנו חג זה ולא אמרת לנו ספור זה, ולכן בודאי שהי' זה מעת יציאת מצרים, ולכן אין יראין משאלת הבן ואדרבה הצריכו דוקא שישאלו וידברו בזה. אבל עכ"ז צריך להבין עיקר הטעם].. .

.. .ואמר רבן גמליאל שהעיקר צריך לומר ולידע ג' דברים שהם פסח מצה ומרור. שענין פסח הוא לידע שלעולם הקב"ה מנהיג ומשגיח על כל בשר ואף בגלותנו הוא מצילנו וכל דבר הוא מאתו יתברך. מצה הוא לידע שהקב"ה יכול להציל פתאם כהרף עין. מרור הוא

לידע שהרשעה והתאוה הוא בלא גבול וקץ, כמו שמררו המצרים בפרך וכמו בכל דור ודור שעומדים לכלותנו. ואחר שנדע זאת הרי אנו נגאלין גם עתה בזה שיצאנו ברוחנו משעבוד ועבדות גופני ואנו רק עבדי ה'. ולכן בכל דור ודור חייב אדם לראות את עצמו כאלו הוא יצא ממצרים.. .

.. .ולכן כשרצה ה' לגאלם ממצרים שעדיין היו שקועים במדות רעות, רק מחמת שהם בני אברהם יצחק ויעקב שמסוגלין ללמוד ולידע ולבער המדות הרעות ולהיות ממלכת כהנים וגוי קדוש, נתן להם תיכף מצוה הראשונה מצות קרבן פסח שילמדו מזה איך שהכל מה' שהוא עיקר הלמוד. וצוה לאכול בחבורה היינו שבחבורה טובה

The Jews, who saw the Egyptians in their very midst die, clearly perceived God's discerning providence in sparing them, a fact less evident to Jews who lived apart from any Egyptians. Yet, the *Pesach* offering commemorates the sparing of *all* the Jews — those powerfully aware of their deliverance as well as those who were not.

From matzah we see that, unlike mortals, God needs neither time nor preparation to perform His miracles and bring salvation. This is because all the universe is His creation and subject to His will. The Jews were shown this by the suddenness of their liberation, which did not allow them even the few minutes necessary to let bread rise. This lesson is especially important to bear in mind in times of difficulty, when one sees no glimmer of hope and is apt to despair. God can change everything in an instant! On the other hand, we must also keep this lesson in mind in times of prosperity, for riches and wealth can also vanish in an instant. We must not allow material wealth to lull us into complacency, but must rather always pray to God that we be allowed to continue to enjoy the blessings which He has bestowed upon us.

Maror, which symbolizes the bitter suffering of our ancestors in Egypt, teaches us the almost unlimited capacity of mankind for tyranny and evil. This was demonstrated in the way the Egyptians enslaved the Jews not only with work but בְּפָרֶךְ — with *rigor* and cruelty. And this has been demonstrated in almost every generation of Israel's wandering

טוב ללמוד מביחידי, ובן נכר לא יהי׳ בהחבורה. וזה נשאר לדורות דהא לעולם צריך ללמוד. אבל במצרים הוסיף שיהי׳ בחפזון היינו שמאחר שאין להם תורה צריכין ללמוד בחפזון שידעו לכה״פ קצת תורה כדי לצאת ממצרים שהוא מקור הטומאה. וכן הצריך הזאת הדם על המשקוף ועל ב׳ המזוזות, להראות שהוא רק התחלתם בלמוד שעומדין עדיין בפתח הלמוד. . . .

. . .והנה נמצא לפ״ז שחיי הגשם מעוטן הכרח שמחוייב לעבוד כדי להשיג פרנסתו, כי הקב״ה גזר שבזעת אפיך תאכל לחם ואז שולח פרנסתו כמ״ש [דברים טו יח] וברכך ה׳ אלקיך בכל אשר תעשה, אבל רובן היינו שיחשוב שזה תכלית החיים הוא הבל ושטות, ויכול לבא מזה לכל איסורים שבעולם שידמה לו להשיג תאותו עיד״ז. וצריך האדם לפקח בדרכיו ע״ז כי מאחר שמוכרח להתעסק בזה, וכשנדמה לו שיש פרנסה או תאוה אחרת ויש בזה דבר איסור צריך להתחזק על יצרו ולמנוע מזה, כי כח היצר גדול מאד ומבקש תחבולות בזה להכשילו. ודמי זה לבשר שצולין על אש שאם יניחוהו הרבה זמן ישרף לגמרי, ופחות יהי׳ נא, וצריך לצמצם ליקחם מהאש בזמנו. וכ״כ הוא חיי הגשם שהוא עומד על אש היצר, שאם ירצה לסגף אסור ואם ירצה להתעסק בהם כרצון היצר ישרוף נשמתו וחיי נצח שלו. ולכן נוכל לקרוא החיים של איש צדיק מוצל מאש. ומאחר שהוא עבד ה׳ הוא דבר נקל

---

through its long and bitter exile. And yet, God delivered us from these tyrants and showed that the mastery of man over man is but fleeting and illusory. We should not view freedom as a function of our physical position but rather as one of the spirit. Only our redemption from Egypt to be the servants of God has freed our spirits forever for this great purpose; and our spirits remain always free even if our bodies are shackled. Thus, every Jew in every generation must indeed see that he was truly freed from Egypt.

Maror also teaches that our lot can become suddenly embittered even in the most benign countries. For the Egyptians, too, were initially favorably disposed towards our ancestors and only later embittered their lives with persecution. Therefore, we must not place our trust in governments but only in God, to Whom we must continually pray for our ultimate deliverance, speedily through the coming of the Messiah.

There are also many lessons to be learned from the particular laws governing the consumption of the *Pesach* offering, which can be interpreted as a guide for living in this world and a blueprint for the proper utilization of its bounty. Although the Torah commands us to eat the meat of the *Pesach*, we are first to apply its blood [its "soul"] to the Altar. So, too, when our intent is to live "for the sake of Heaven" and serve God, all our earthly pursuits assume the status of an offering to God and are sacred acts in His service.

Gaze at the shankbone, but do not lift it.

פֶּסַח שֶׁהָיוּ אֲבוֹתֵינוּ אוֹכְלִים בִּזְמַן שֶׁבֵּית הַמִּקְדָּשׁ הָיָה קַיָּם, עַל שׁוּם מָה? עַל שׁוּם שֶׁפָּסַח הַקָּדוֹשׁ בָּרוּךְ הוּא עַל בָּתֵּי אֲבוֹתֵינוּ בְּמִצְרַיִם. שֶׁנֶּאֱמַר, וַאֲמַרְתֶּם,

לשמור זה מאחר שי״ל ידיעה קדומה שעיקר החיים שלו הוא התורה ומצותיה. עוד צריך האדם להנהיג חייו דוקא בחברותא ולא בפרישות, כי זה דרך הגאים שמחזיקין עצמן לגדולים על אחרים ולכן אין רוצין להיות עמהן בחבורה, ולכן מאד צריך האדם ליזהר מזה. וגם יכול ללמוד דברים טובים שיש בחברו וחברו ילמוד ממנו, רק שהחבורה תהי׳ טובה. וזהו ענין קרבן פסח שאף שעיקרו לאכילה דזהו עיקר קרבן פסח, דהוא לימוד איך לנהוג בחיי ההבל שמוכרחין לאכול וכל הנאות העולם, רק שיהי׳ דמו נשפך לשם שמים ואז נחשב קרבן. וכן יבין מזה שהמעוט דמים – תרתי משמע – שמוציא על חיי ההבל להשיגם יהי׳ לש״ש, ואז כולו הוא קדש וקרבן אף הנאתו מדברים הגשמיים. וא״כ מוכרח להיות אופן אכילתו דוקא צלי אש, דפחות מהצורך הוא נא, ויותר הוא נשרף, [ומחמת זה נקרא בלשון צלי דוקא, צלי אש שהוא מוצל מאש, וצלי קדר הוא שם מושאל], וכ״כ הוא החיים כדבארתי. וצריך דוקא מנוין שיהי׳ בחברותא ושתהי׳ טובה שבן נכר לא יאכל בו, כדי להרחיק

The meat of the *Pesach* must be roasted — it may not be eaten raw or boiled. Roasting meat is a process that requires careful regulation. Too little roasting and the meat remains raw; too much and it is burnt. Similarly, we must carefully regulate our use of material things so that we provide for our needs but do not overindulge. For physical desire is a powerful fire that can engulf the person and lead him to sinful acts in order to fulfill his passion. This flame must be carefully regulated to serve the person in its intended constructive way and not to erupt into an all-consuming fireball.

The *Pesach* is eaten in groups. So, too, success in Torah and its ways is achieved through associating with others who share these goals and strivings. One should never arrogantly assume that he requires no help. He should, instead, seek out others so that each can learn from the strong points of the other. A בֶּן נֵכָר, *alien*, cannot join the group and partake of the *Pesach*. One must choose his companions carefully and avoid influences that are alien and pernicious to Torah life. Therefore, when God wished to redeem the Jews from Egypt, he gave them the mitzvah of *Pesach* offering. For at that time, the Jews were still steeped in the flawed character traits and the materialistic impurity of their Egyptian

Gaze at the shankbone, but do not lift it.

פֶּסַח Pesach — Why did our fathers eat a Pesach offering during the period when the Temple stood? — Because the Holy One, Blessed is He, passed over the houses of our fathers in Egypt, as it is written: You shall say:

הגאוה, ויוכלו ללמוד זה מזה דברים טובים. . . .

. . .וממצה ילפינן שהשי״ת אי״צ להכנה וזמן הניכר אלא שפתאום יכול להביא הישועה, כמו שעשה במצרים שהיתה התשועה עד שלא הספיק בצקן להחמיץ, ולכן לא יתייאש כשהוא ח״ו בעת צרה לומר שלא יהיה לו תשועה, וכן לא יסמוך כשהוא על פסגת העושר והאושר שיהיה לו כן לעולם, שאף לשעה לא יוכל לסמוך, וצריך להתפלל להשי״ת שישמור מה שנתן לו שיהיה לו, כפירוש יברכך וישמרך שבברכת כהנים.

וממרור ילפינן שאף במדינה היותר טובה לישראל יש לחוש שפתאום ימררו את חייהם, כי גם במצרים היה רוב הטובה מתחילה ואח״כ וימררו, ולכן לא יסמוך על הרשות שנמצא שם, ויתפלל להשי״ת שיחיש לנו הגאולה האמיתית ע״י משיח צדקנו במהרה. (דרש משה, דף פ״א ודף פ״ב, דרוש ח׳, דרוש י׳, דרוש י״ב)

---

masters. Yet, because the Jews were the children of Avraham, Yitzchak, and Yaakov, they were predisposed to being purified and becoming "a kingdom of priests and a holy people." To accomplish this end, God gave them the mitzvah of *Pesach,* to impress upon them the idea that all of life is from God and is to be utilized in His service, and that the virtuous life is acquired in the company (חֲבוּרָה) of people with similar noble aspiration, from which alien influence (בֶּן נֵכָר) have been excluded. These requirements apply to *korban pesach* for all time, as these are essential lessons in every generation. In the case of that first *Pesach* offering in Egypt, there were two additional requirements. One requirement was to eat the meat בְּחִפָּזוֹן, *in haste,* and the other was to apply the sacrifice's blood to the sideposts and crossbar of the doors to Jewish homes. For at that point, the Jews did not yet have the Torah. Therefore, God commanded them to eat quickly so that they would have at least one mitzvah to their credit in whose merit they could be delivered from the *tumah,* contamination, of Egypt. Placing the blood on the doorposts and the crosspiece signified that they were only at the "entrance" to becoming Jews and of learning God's ways, a process that they would complete by accepting and fulfilling the Torah given to them at Sinai.

זֶבַח פֶּסַח הוּא לַיהוה, אֲשֶׁר פָּסַח עַל בָּתֵּי בְנֵי יִשְׂרָאֵל בְּמִצְרַיִם בְּנָגְפּוֹ אֶת מִצְרַיִם, וְאֶת בָּתֵּינוּ הִצִּיל, וַיִּקֹּד הָעָם וַיִּשְׁתַּחֲווּ.[1]

The broken matzah is lifted and displayed while the following paragraph is recited.

מַצָּה זוֹ שֶׁאָנוּ אוֹכְלִים, עַל שׁוּם מָה? עַל שׁוּם שֶׁלֹּא הִסְפִּיק בְּצֵקָם שֶׁל אֲבוֹתֵינוּ לְהַחֲמִיץ, עַד שֶׁנִּגְלָה עֲלֵיהֶם מֶלֶךְ מַלְכֵי הַמְּלָכִים הַקָּדוֹשׁ בָּרוּךְ הוּא

בענין צלי אש

...וא״כ מוכרח להיות אופן אכילתו דוקא צלי אש, דפחות מהצורך הוא נא, ויותר הוא נשרף, [ומחמת זה נקרא בלשון צלי דוקא, צלי אש שהוא מוצל מאש, וצלי קדר הוא שם מושאל], וכ״כ הוא החיים כדבארתי....

...ועוד יותר שבהמכות שהביא, לפי הטבע היו גם ישראל בסכנה, דהדם וצפרדע אין יודעין להבחין בין ישראל למצרי, ואם זורק אדם חץ על שונאו ובדרך הליכת החץ עומד שם גם אוהבו, ודאי שאף אוהבו הי׳ נהרג, אבל הקב״ה זרק חציו והיו גם ישראל בתוך המצרים ומ״מ לא הוזקו במאומה. באופן כזה הוציאנו ה׳ ממצרים, וראינו בזה שהקב״ה מנהיג העולם ומשגיח על כל בשר אף בגלותנו בתוך הצרות, ובלעדיו לא נעשה כלום....

☙ Roasting the Pesach Offering

The Torah commands us to prepare the *Pesach* offering by roasting it over a fire. It cannot be boiled or fried, but only roasted — צְלִי אֵשׁ. There are lessons to be derived from this. Firstly, this reminds us of the magnitude of the miracles with which God spared us from the effects of the ten plagues that devastated the Egyptians. When a person shoots an arrow at his enemy, the archer can do nothing to save a friend who suddenly appears in the line of fire after the arrow has left the bow. The flight of the arrow cannot be halted once it has been sent on its way.

God, however, is not subject to limitations. Even while He loosed wild animals, plagues, and hail upon the Egyptians, not a single Jew was harmed in any way. Even a Jew who might have deserved to be punished was spared, in order to demonstrate to Pharaoh that without question, the Jews were under God's constant protection. We commemorate this display of God's power by eating the *Pesach* צְלִי אֵשׁ, roasted, for the word צְלִי can be related to מוּצָל, *saved* or *removed* from harm's way. Roasted meat must be "saved" from the fire; otherwise it will become

'It is a Pesach offering for HASHEM, Who passed over the houses of the Children of Israel in Egypt when He struck the Egyptians and spared our houses; and the people bowed down and prostrated themselves.'[1]

The broken matzah is lifted and displayed while the following paragraph is recited.

מַצָּה Matzah — Why do we eat this unleavened bread? — Because the dough of our fathers did not have time to become leavened before the King of kings, the Holy One, Blessed is He, revealed Himself to them

(1) *Exodus* 12:27.

...שניצלנו רק בהשגחת ה׳, שהמכות לא ידעו להבחין בין ישראל למצרי כמו החץ שאינו מבחין בין אוהב לשונא, ורק מעשה ה׳ הוא שחמל עלינו והצילנו מן הצרות כמציל מן האש, ומשום זה אוכלים אנו צלי אש שהוא מוצל מאש. (דרש משה, דרוש י׳, דרוש י״ב)

בענין לא הספיק בצקם להחמיץ

על שלא הספיקו בצקם להחמיץ, והוא משום [שמשה] לא אמר לישראל שבמכה זו דבכורות יגאלו תיכף דרך לפרעה אמר זה, ואף שאמר ואתם לא תצאו עד בקר שהיה זה ציווי שאף שפרעה יאמר להם שיצאו תיכף בלילה

burned and unfit to eat. Just as we "save" the *Pesach* from the fire, so did God save us from the effects of the plagues.

A second lesson may be gleaned from the requirement to roast the *Pesach*. As noted, roasting is a process that requires careful regulation. Too little roasting and the meat remains raw; too much and it is burnt. Similarly, we must carefully regulate our sure of material things so that we provide for our needs but do not overindulge. For physical desire is a powerful fire that can engulf the person and lead him to sinful acts in order to fulfill his passion. This flame must be carefully regulated to serve the person in its intended constructive way and not to erupt into an all-consuming fireball.

☙ Unleavened Dough

"Because the dough of our fathers did not have time to become leavened ..." Apparently, the timing of the Exodus took the Jews completely by surprise, which is why they did not have the time even to bake their matzos for their journey, but took their raw dough with them (*Exodus* 12:34). For although Pharaoh had been told by Moshe (ibid. 11:8) that the Jews would be leaving Egypt immediately following *makas*

וּגְאָלָם. שֶׁנֶּאֱמַר, וַיֹּאפוּ אֶת הַבָּצֵק אֲשֶׁר הוֹצִיאוּ מִמִּצְרַיִם עֻגֹת מַצּוֹת כִּי לֹא חָמֵץ, כִּי גֹרְשׁוּ מִמִּצְרַיִם, וְלֹא יָכְלוּ לְהִתְמַהְמֵהַּ, וְגַם צֵדָה לֹא עָשׂוּ לָהֶם.[1]

The maror is lifted and displayed while the following paragraph is recited.

מָרוֹר זֶה שֶׁאָנוּ אוֹכְלִים, עַל שׁוּם מָה? עַל שׁוּם שֶׁמֵּרְרוּ הַמִּצְרִים אֶת חַיֵּי אֲבוֹתֵינוּ

אסור להם לצאת עד בקר והוא להראות שאנו יוצאים רק בציווי ה׳, לא פירשו בני ישראל כן אלא שלא יצאו חוץ לבית כדי שלא יפגע בהם המשחית דהא דרשינן בגמ׳ וברש״י מביא זה שכיון שניתנה רשות למשחית אינו מבחין שתמוה מאד לכאורה הא היה זה ציווי שלא יצאו ממצרים עד הבקר שבשביל המשחית לא היה להם מה לירא חדא שלא היה ע״י מלאך המות ומחבלים אחרים אלא הקב״ה בעצמו וזה הודיע להם בקרא ועברתי	בארץ מצרים, ועוד שאף בהבתים באה משחית והרג רק הבכורים משל מצרים ואף לא שאר מצרים ומשל ישראל כלל לא ואף אלו שהגיע זמנם למות לא מתו בלילה זה וגם נקרא ליל שמורים, אבל דהוי זה מטעותם של ישראל שהם חשבו שעוד יתארך עד שיתרצה פרעה לשלח ובשביל זה לשו עיסה להחמיץ אבל נגאלו תיכף קודם שהחמיץ, ומאחר שטעו שהוא לענין לצאת החוצה שהיו סבורים שיהיה גם המשחית שם ראיה שהאמת שאינו

bechoros (the slaying of the firstborn), the Jews were not informed of this. Moshe merely told the Jews not to leave their houses until morning (ibid. 12:22). The true reason for the command to remain indoors was that God knew that Pharaoh would want the Jews to leave in the middle of the night as soon as the devastating effects of *makas bechoros* became apparent. However, God wanted it to be clear to all that the Children of Israel were leaving not because of Pharaoh's command, but by Divine command. Therefore, they were to remain in their homes until morning, so that they would overstay the departure time demanded by Pharaoh and leave only at the morning time designated by God.

The Jews, however, did not realize that this was the reason for this command (for if so, they would have prepared their provisions in advance), but instead assumed that they were not to leave their houses because of the danger of being harmed by the *mashchis* (angel of destruction) whom they thought would be present at the time of the plague. This, in fact, was a mistake, as no Jew would have been in any danger on that night even had he ventured outdoors. For the slaying of and redeemed them, as it is written: They baked the dough which they had brought out of Egypt into unleavened bread, for it had not fermented, because they were driven out of Egypt and could not delay, nor had they prepared any provisions for the way.[1]

The maror is lifted and displayed while the following paragraph is recited.

מָרוֹר Maror — Why do we eat this bitter herb? — Because the Egyptians embittered the lives of our

(1) *Exodus* 12:39.

מבחין ומה שלא צוה הקב״ה למשה שיגלה לישראל הוא מטעם שיראו שהקב״ה עשה הגאולה תיכף קודם חמיצת עיסה. ובני הר״ד אמר שהיה הציווי גם שלא יצאו מפתח הבית משום שהיה גם משחית והצורך לזה היה כדי שלא יהנו במקום שאין צורך לנס ורק בבית שלא היה אפשר הוכרחו ליהנות מנס, אבל יותר נראה כדלעיל שלא היה שום משחית כלשון ליל שמורים וממילא אין זה נס, ומה שאסר להם גם לצאת כדי שיראו המצרים שאין יוצאין אלא בציווי ה׳ וכשיראו אותם יוצאים אף רק החוצה אפשר שיטעו שגם הולכים ממצרים. (מכת״י מרן זצוק״ל)

בענין מרור

הנה בנוגע למרור מצינו שיש תמכא

the firstborn was done not by any Heavenly emissary, but by God Himself, as the Torah states, "And I will pass through the land of Egypt in that night" (*Ex.* 12:12). As stated earlier in the *Haggadah*, this refers to God Himself. Thus, there was no danger that "once the destroyer was given permission to destroy, it would not differentiate between the innocent and the guilty" (see *Bava Kamma* 60a). [Although the Gemara seems to derive the principle that the destroyer's effects are indiscriminate from the fact that the Jews stayed in their houses, this does not indicate that this was the real reason for this command. Rather, the Gemara *deduces* this from what the Jews *thought* was the reason for this command — namely, venturing outdoors would have exposed them to a *mashchis* (which, in this case, would not have happened).]

Furthermore, the command to stay indoors could not have been to protect them from the destroyer, since the Egyptian firstborns died regardless of their location.

☙ Maror

The Mishnah in *Pesachim* (39a) lists five species that can be used as *maror*. From the Gemara there, it emerges that the first species in that list,

בְּמִצְרָיִם. שֶׁנֶּאֱמַר, וַיְמָרְרוּ אֶת חַיֵּיהֶם, בַּעֲבֹדָה קָשָׁה, בְּחֹמֶר וּבִלְבֵנִים, וּבְכָל עֲבֹדָה בַּשָּׂדֶה, אֵת כָּל עֲבֹדָתָם אֲשֶׁר עָבְדוּ בָהֶם בְּפָרֶךְ.[1]

בְּכָל דּוֹר וָדוֹר חַיָּב אָדָם לִרְאוֹת אֶת עַצְמוֹ כְּאִלּוּ הוּא יָצָא מִמִּצְרָיִם. שֶׁנֶּאֱמַר, וְהִגַּדְתָּ לְבִנְךָ בַּיּוֹם הַהוּא לֵאמֹר, בַּעֲבוּר זֶה עָשָׂה יהוה לִי, בְּצֵאתִי מִמִּצְרָיִם.[2] לֹא אֶת אֲבוֹתֵינוּ בִּלְבָד גָּאַל הַקָּדוֹשׁ בָּרוּךְ הוּא, אֶלָּא אַף אֹתָנוּ גָּאַל עִמָּהֶם. שֶׁנֶּאֱמַר, **וְאוֹתָנוּ** הוֹצִיא מִשָּׁם, לְמַעַן הָבִיא אֹתָנוּ לָתֶת לָנוּ אֶת הָאָרֶץ אֲשֶׁר נִשְׁבַּע לַאֲבוֹתֵינוּ.[3]

The matzos are covered and the cup is lifted and held until it is to be drunk.

לְפִיכָךְ אֲנַחְנוּ חַיָּבִים לְהוֹדוֹת, לְהַלֵּל, לְשַׁבֵּחַ, לְפָאֵר, לְרוֹמֵם, לְהַדֵּר, לְבָרֵךְ, לְעַלֵּה, וּלְקַלֵּס, לְמִי שֶׁעָשָׂה לַאֲבוֹתֵינוּ וְלָנוּ אֶת כָּל הַנִּסִּים הָאֵלּוּ, הוֹצִיאָנוּ מֵעַבְדוּת לְחֵרוּת, מִיָּגוֹן לְשִׂמְחָה, וּמֵאֵבֶל לְיוֹם טוֹב,

---

שזה מרור ויש חזרת שאין בו טעם מרירות כלל אלא שסופו קשה. וצריכים לידע שכשבא איזה דבר רע על האדם שהוא עונש מהקב״ה והקב״ה אינו רוצה ליתן עונשים קשים ואם הי׳ האדם נתעורר מעונש קל לא

---

chazeres [Romaine lettuce], is the preferred species to use for this mitzvah; the last species in that list, *tamcha* [horseradish], is the least preferred. Now, lettuce, the most preferred species, is not really bitter at all (until the later stages of growth — see *Yerushalmi* there), whereas horseradish — the least preferred species has an exceptionally harsh taste. One would have expected the order of preference to be reversed, but it is not. There is a lesson in this for us. *Maror* is the symbol of Jewish suffering, and calls to mind the suffering of the Jews in Egypt. But we must remember that all suffering ultimately comes from God and it has a purpose. God presents us with difficulties when we lapse, to prod us, to nudge us gently back to the correct path. These difficulties can assume many forms. The Gemara (*Arachin* 16b) states that even putting one's hand into his pocket and pulling out the wrong object — a mere fathers in Egypt, as it says: They embittered their lives with hard labor, with mortar and bricks, and with all manner of labor in the field: whatever service they made them perform was with hard labor.[1]

בְּכָל דּוֹר In every generation it is one's duty to regard himself as though he personally had gone out of Egypt, as it is written: You shall tell your son on that day: 'It was because of this that HASHEM did for "me" when I went out of Egypt.'[2] It was not only our fathers whom the Holy One redeemed from slavery; we, too, were redeemed with them, as it is written: He brought "us" out from there so that He might take us to the land which He had promised to our fathers.[3]

The matzos are covered and the cup is lifted and held until it is to be drunk.

לְפִיכָךְ Therefore it is our duty to thank, praise, pay tribute, glorify, exalt, honor, bless, extol, and acclaim Him Who performed all these miracles for our fathers and for us. He brought us forth from slavery to freedom, from grief to joy, from mourning to festivity,

(1) *Exodus* 1:14. (2) 13:8. (3) *Deuteronomy* 6:23.

הי׳ צריך לעונש קשה וכגון שאם הי׳ מבין כשמתחלף בבגדים שזה נמי עונש מהקב״ה לא הי׳ צריך לצרה גדולה מזה וזהו הענין כאן שאם נתעורר מחזרת לא יהי׳ צריך לתמכא. (קול רם חלק ב׳)

---

momentary inconvenience — is an example of "suffering." God does not wish to cause us pain. His sole intent in punishing us is to make us recognize our shortcomings so that we can overcome them. The form and intensity of suffering necessary to accomplish this depends on us. If a person who misplaces his keys realizes that God wants him to take stock of his actions, the "suffering" has accomplished its purpose. If, however, he does not heed these signals, he will be reminded (God forbid) by something more severe, until he heeds the message.

Therefore, *chazeres* is the preferred type of *maror*. We must keep in mind that *maror* does not necessarily have to be bitter. It is only after time, when the message of the *maror* is continually ignored, that the bitter taste must emerge.

וּמֵאֲפֵלָה לְאוֹר גָּדוֹל, וּמִשִּׁעְבּוּד לִגְאֻלָּה, וְנֹאמַר לְפָנָיו שִׁירָה חֲדָשָׁה, הַלְלוּיָהּ.

הַלְלוּיָהּ הַלְלוּ עַבְדֵי יהוה, הַלְלוּ אֶת שֵׁם יהוה. יְהִי שֵׁם יהוה מְבֹרָךְ, מֵעַתָּה וְעַד עוֹלָם. מִמִּזְרַח שֶׁמֶשׁ עַד מְבוֹאוֹ, מְהֻלָּל שֵׁם יהוה. רָם עַל כָּל גּוֹיִם יהוה, עַל הַשָּׁמַיִם כְּבוֹדוֹ. מִי כַּיהוה אֱלֹהֵינוּ, הַמַּגְבִּיהִי לָשָׁבֶת. הַמַּשְׁפִּילִי לִרְאוֹת, בַּשָּׁמַיִם וּבָאָרֶץ. מְקִימִי מֵעָפָר דָּל, מֵאַשְׁפֹּת יָרִים אֶבְיוֹן. לְהוֹשִׁיבִי עִם נְדִיבִים, עִם נְדִיבֵי עַמּוֹ. מוֹשִׁיבִי עֲקֶרֶת הַבַּיִת, אֵם הַבָּנִים שְׂמֵחָה, הַלְלוּיָהּ.[1]

בְּצֵאת יִשְׂרָאֵל מִמִּצְרָיִם, בֵּית יַעֲקֹב מֵעַם לֹעֵז. הָיְתָה יְהוּדָה לְקָדְשׁוֹ, יִשְׂרָאֵל מַמְשְׁלוֹתָיו. הַיָּם רָאָה וַיָּנֹס, הַיַּרְדֵּן יִסֹּב לְאָחוֹר. הֶהָרִים רָקְדוּ כְאֵילִים, גְּבָעוֹת כִּבְנֵי צֹאן. מַה לְּךָ הַיָּם כִּי תָנוּס, הַיַּרְדֵּן תִּסֹּב לְאָחוֹר. הֶהָרִים תִּרְקְדוּ כְאֵילִים, גְּבָעוֹת כִּבְנֵי צֹאן. מִלִּפְנֵי אָדוֹן חוּלִי אָרֶץ, מִלִּפְנֵי אֱלוֹהַּ יַעֲקֹב. הַהֹפְכִי הַצּוּר אֲגַם מָיִם, חַלָּמִישׁ לְמַעְיְנוֹ מָיִם.[2]

On מוֹצָאֵי שַׁבָּת, *Saturday night,* some reverse the sequence of the words מִן הַזְּבָחִים וּמִן הַפְּסָחִים, *the offerings and Pesach sacrifice* (toward the end of the following *berachah*).

בָּרוּךְ אַתָּה יהוה אֱלֹהֵינוּ מֶלֶךְ הָעוֹלָם, אֲשֶׁר גְּאָלָנוּ וְגָאַל אֶת אֲבוֹתֵינוּ מִמִּצְרַיִם, וְהִגִּיעָנוּ הַלַּיְלָה הַזֶּה לֶאֱכָל בּוֹ מַצָּה וּמָרוֹר. כֵּן יהוה אֱלֹהֵינוּ וֵאלֹהֵי אֲבוֹתֵינוּ, יַגִּיעֵנוּ לְמוֹעֲדִים וְלִרְגָלִים אֲחֵרִים הַבָּאִים לִקְרָאתֵנוּ לְשָׁלוֹם, שְׂמֵחִים בְּבִנְיַן עִירֶךָ וְשָׂשִׂים בַּעֲבוֹדָתֶךָ, וְנֹאכַל שָׁם מִן הַזְּבָחִים וּמִן הַפְּסָחִים

(1) *Psalms* 113. (2) 114.

from darkness to great light, and from servitude to redemption. Let us, therefore, recite a new song before Him! Halleluyah!

הַלְלוּיָהּ Halleluyah! Praise, you servants of HASHEM, praise the Name of HASHEM. Blessed be the Name of HASHEM from now and forever. From the rising of the sun to its setting, HASHEM's Name is praised. High above all nations is HASHEM, above the heavens is His glory. Who is like HASHEM, our God, Who is enthroned on high, yet deigns to look, upon the heaven and earth? He raises the destitute from the dust, from the trash heaps He lifts the needy — to seat them with nobles, with nobles of His people. He transforms the barren wife into a glad mother of children. Halleluyah![1]

בְּצֵאת When Israel went forth from Egypt, Yaakov's household from a people of alien tongue, Yehudah became His sanctuary, Israel His dominion. The Sea saw and fled; the Jordan turned backward. The mountains skipped like rams, and the hills like young lambs. What ails you, O Sea, that you flee? O Jordan, that you turn backward? O mountains, that you skip like rams? O hills, like young lambs? Before HASHEM's presence — tremble, O earth, before the presence of the God of Yaakov, Who turns the rock into a pond of water, the flint into a flowing fountain.[2]

On מוֹצָאֵי שַׁבָּת, *Saturday night,* some reverse the sequence of the words מִן הַזְּבָחִים וּמִן הַפְּסָחִים, *the offerings and Pesach sacrifice* (toward the end of the following *berachah*).

בָּרוּךְ Blessed are You, HASHEM, our God, King of the universe, Who redeemed our ancestors from Egypt and enabled us to reach this night that we may eat matzah and maror. So, HASHEM, our God and God of our fathers, bring us also to future Festivals and holidays in peace, gladdened in the rebuilding of Your city, and joyful at Your service. There we shall eat of the offerings and Pesach sacrifices

אֲשֶׁר יַגִּיעַ דָּמָם עַל קִיר מִזְבַּחֲךָ לְרָצוֹן. וְנוֹדֶה לְּךָ שִׁיר חָדָשׁ עַל גְּאֻלָּתֵנוּ וְעַל פְּדוּת נַפְשֵׁנוּ. בָּרוּךְ אַתָּה יהוה, גָּאַל יִשְׂרָאֵל.

בָּרוּךְ אַתָּה יהוה אֱלֹהֵינוּ מֶלֶךְ הָעוֹלָם, בּוֹרֵא פְּרִי הַגָּפֶן.

The second cup is drunk while leaning on the left side — preferably the entire cup, but at least most of it.

רחצה

The hands are washed for matzah and the following blessing is recited. It is preferable to bring water and a basin to the head of the household at the Seder table.

בָּרוּךְ אַתָּה יהוה אֱלֹהֵינוּ מֶלֶךְ הָעוֹלָם, אֲשֶׁר קִדְּשָׁנוּ בְּמִצְוֹתָיו, וְצִוָּנוּ עַל נְטִילַת יָדָיִם.

מוציא

The following two blessings are recited over the covered matzos. The first is recited over matzah as food, and the second for the special mitzvah of eating matzah on the night of Pesach. [The latter blessing is to be made with the intention that it also apply to the 'sandwich' and the Afikoman.]
The head of the household raises all the matzos on the Seder plate and recites the following blessing:

בָּרוּךְ אַתָּה יהוה אֱלֹהֵינוּ מֶלֶךְ הָעוֹלָם, הַמּוֹצִיא לֶחֶם מִן הָאָרֶץ.

The matzos are now uncovered, the bottom matzah is put down and the following blessing is recited while the top (whole) matzah and the middle (broken) piece are still raised. [∴ The Rosh Yeshivah, זצ״ל, who used only two matzos, would hold both while reciting this blessing also.]

מצה

בָּרוּךְ אַתָּה יהוה אֱלֹהֵינוּ מֶלֶךְ הָעוֹלָם, אֲשֶׁר קִדְּשָׁנוּ בְּמִצְוֹתָיו, וְצִוָּנוּ עַל אֲכִילַת מַצָּה.

Each participant (including women) is required to eat a *kezayis* of *shemurah* matzah within two minutes. Since it is usually impossible to provide a sufficient amount of matzah from the two matzos for all members of the household, the other matzos should be available at the head of the table from which to complete the required amounts. However, each participant should receive a piece from each of the top two matzos. [∴ The Rosh Yeshivah, זצ״ל, would break both matzos, but would eat from the top matzah only.] The matzos need not be dipped in salt, although some do so. [∴ The Rosh Yeshivah, זצ״ל, would dip his matzah into salt.]
The matzos are to be eaten while reclining on the left side and without delay.

whose blood will gain the sides of Your altar for gracious acceptance. We shall then sing a new song of praise to You for our redemption and for the liberation of our souls. Blessed are You, HASHEM, Who has redeemed Israel.

בָּרוּךְ Bessed are You, HASHEM, our God, King of the universe, Who creates the fruit of the vine.

The second cup is drunk while leaning on the left side — preferably the entire cup, but at least most of it.

RACHTZAH

The hands are washed for matzah and the following blessing is recited. It is preferable to bring water and a basin to the head of the household at the Seder table.

בָּרוּךְ Blessed are You, HASHEM, our God, King of the universe, Who has sanctified us with His commandments, and has commanded us concerning the washing of the hands.

MOTZI

The following two blessings are recited over the covered matzos. The first is recited over matzah as food, and the second for the special mitzvah of eating matzah on the night of Pesach. [The latter blessing is to be made with the intention that it also apply to the 'sandwich' and the Afikoman.]
The head of the household raises all the matzos on the Seder plate and recites the following blessing:

בָּרוּךְ Blessed are You, HASHEM, our God, King of the universe, Who brings forth bread from the earth.

The matzos are now uncovered, the bottom matzah is put down and the following blessing is recited while the top (whole) matzah and the middle (broken) piece are still raised. [∴ The Rosh Yeshivah, זצ"ל, who used only two matzos, would hold both while reciting this blessing also.]

MATZAH

בָּרוּךְ Blessed are You, HASHEM, our God, King of the universe, Who has sanctified us with His commandments, and has commanded us concerning the eating of matzah.

Each participant (including women) is required to eat a *kezayis* of *shemurah* matzah within two minutes. Since it is usually impossible to provide a sufficient amount of matzah from the two matzos for all members of the household, the other matzos should be available at the head of the table from which to complete the required amounts. However, each participant should receive a piece from each of the top two matzos. [∴ The Rosh Yeshivah, זצ"ל, would break both matzos, but would eat from the top matzah only.] The matzos need not be dipped in salt, although some do so. [∴ The Rosh Yeshivah, זצ"ל, would dip his matzah into salt.]
The matzos are to be eaten while reclining on the left side and without delay.

מרור

The head of the household adds wine into the charoses to make it a thick liquid, takes a half-egg volume of maror, dips it into charoses, and gives each participant (including women) a like amount. The following blessing is recited with the intention that it also apply to the maror of the 'sandwich'. The maror is eaten without reclining, and within nine minutes. Speaking should be postponed until after the 'sandwich' is finished.

בָּרוּךְ אַתָּה יהוה אֱלֹהֵינוּ מֶלֶךְ הָעוֹלָם, אֲשֶׁר קִדְּשָׁנוּ בְּמִצְוֹתָיו, וְצִוָּנוּ עַל אֲכִילַת מָרוֹר.

כורך

The bottom matzah is now taken. From it, with the addition of other matzos, each participant receives a half-egg volume of matzah with an equal-volume portion of maror (dipped into charoses which is shaken off). The following paragraph is recited and the 'sandwich' is eaten within nine minutes, while reclining.

זֵכֶר לְמִקְדָּשׁ כְּהִלֵּל. כֵּן עָשָׂה הִלֵּל בִּזְמַן שֶׁבֵּית הַמִּקְדָּשׁ הָיָה קַיָּם. הָיָה כּוֹרֵךְ (פֶּסַח) מַצָּה וּמָרוֹר וְאוֹכֵל בְּיַחַד. לְקַיֵּם מַה שֶּׁנֶּאֱמַר, עַל מַצּוֹת וּמְרֹרִים יֹאכְלֻהוּ.[1]

בענין כורך

והנה אף שנתברר להם שעיקר גדול הוא לידע שאין האדם בעלים אף ע"ע, שזה מביא לידי שלום וחרות אמתי, אבל עדיין לא ידעו שהאמת כן עד שיצאו ממצרים בנסים ונפלאות שאז ראו שישועת ה' כהרף עין והוא בעלים על הכל ומתי שרוצה משפיל גאים ומגביה שפלים ומוציא אסורים ופודה ענוים. וכמו שגם אנו ראינו בעינינו

◆§ Koreich

Koreich, the 'sandwich' of matzah and *maror*, is a remembrance of the way Hillel ate the *Pesach* meat, matzah and *maror* together during the period of the *Beis HaMikdash*. What is the significance of this combination?

The explanation lies in that which we have previously discussed (see commentary to R' Gamliel, above). The *Pesach* offering symbolizes that God is the absolute Ruler of this world, and that a person is not his own master. It is the firm belief in this concept that brings a person tranquility and a feeling of freedom in the truest sense. However, at the

MAROR

The head of the household adds wine into the charoses to make it a thick liquid, takes a half-egg volume of maror, dips it into charoses, and gives each participant (including women) a like amount. The following blessing is recited with the intention that it also apply to the maror of the 'sandwich'. The maror is eaten without reclining, and within nine minutes. Speaking should be postponed until after the 'sandwich' is finished.

בָּרוּךְ Blessed are You, HASHEM, our God, King of the universe, Who has sanctified us with His commandments, and has commanded us concerning the eating of maror.

KOREICH

The bottom matzah is now taken. From it, with the addition of other matzos, each participant receives a half-egg volume of matzah with an equal-volume portion of maror (dipped into charoses which is shaken off). The following paragraph is recited and the 'sandwich' is eaten within nine minutes, while reclining.

זֵכֶר In remembrance of the Temple we do as Hillel did in Temple times: he would combine (meat of the Pesach-offering) matzah and maror in a sandwich and eat them together, to fulfill what is written in the Torah: They shall eat it with matzos and bitter herbs.[1]

(1) *Numbers* 9:11.

שכהרף עין פתאם בלי שום הכנה נתבטלה מלכות בית ראמאנאוו הרשעים ומלכות אשכנז ועסטרייך ועוד ועוד, ובשנת תרס״ד – ס״ה שהיו הכנות ומרידות גדולות לא הועילו כלום, וכן בכל עת ועת עושה הקב״ה פתאם התשועות והשפלת הרשעים משום שהוא בעלים על הכל. ולכן לפסח

---

time of the redemption, the Jews did not fully comprehend God's mastery until the moment of freedom had actually arrived. At that time, they saw that "the salvation of Hashem comes in the blink of an eye," and that He is the Creator of all, and at His wish He casts down the high and uplifts the downtrodden.

Thus, in order to learn the lesson of the *Pesach*, the Jews required matzah, i.e., the fact that Hashem took them out of Egypt so suddenly that their dough could not become leavened. God commanded the Jews to eat matzah with their *Pesach* meat as if to say, "Know that you can be redeemed instantly when it is My wish to do so." For, it was possible for the Jews to assume that just as the first nine plagues had not gained

שלחן עורך

The meal should be eaten in a combination of joy and solemnity, for the meal, too, is a part of the Seder service. While it is desirable that zemiros and discussion of the laws and events of Pesach be part of the meal, extraneous conversation should be avoided. It should be remembered that the Afikoman must be eaten while there is still some appetite for it. In fact, if one is so sated that he must literally force himself to eat it, he is not credited with the performance of the mitzvah of Afikoman. Therefore, it is unwise to eat more than a moderate amount during the meal.

צפון

Some recite the following declaration:

הִנְנִי מוּכָן וּמְזוּמָן לְקַיֵּם מִצְוַת אֲכִילַת אֲפִיקוֹמָן
זֵכֶר לְפֶסַח וְזֵכֶר לַחֲגִיגָה.

From the Afikoman matzah (and from additional matzos to make up the required amount), a half-egg-volume portion — according to some, a full egg's volume portion — is given to each participant. It should be eaten before midnight, while reclining, quickly, and without interruption. Nothing may be eaten or drunk after the Afikoman (with the exception of water and the like) except for the last two Seder cups of wine.

ברך

The third cup is rinsed inside and out and poured. The head of the household raises his cup while all recite *Bircas HaMazon* (Grace After Meals). The Cup of Eliahu is poured at this point.

צריך מצה שזה מורה סבת הידיעה שה׳ הוא הבעלים בזה שלא הספיק בצקם של אבותינו להחמיץ עד שנגלה עליהם מלך מלכי המלכים הקב״ה וגאלם. וצוה להם מתחלה שיאכלו את הפסח על מצות, שאמר להם שתדעו שה׳ הוא הבעלים על הכל שכהרף עין תגאלו, כי הם יכלו לטעות כי זה תשעה מכות שהכו המצרים ועדיין לא היתה הגאולה, ולכן הי׳ אפשר לטעות שגם במכה העשירית יהי׳ כן, ואפשר שאחדים טעו בזה וחשבו שגם מכה העשירית לא תועיל. וכשנגאלו אח״כ ראו האמת שה׳ הוא הבעלים אך עדיין

---

them freedom, so would the tenth plague not compel Pharaoh to capitulate. When they were freed, however, they realized that God had decided exactly when they should be redeemed; the fact that they had not left earlier was because the time for redemption had not yet come. When it did come, there could be no delay. [Similarly, we have seen the most aggressive attempt to topple a government fail, yet years later the entire empire collapsed suddenly and unexpectedly.] Thus, the lessons of *Pesach* and matzah are firmly intertwined.

It is also imperative to understand that if one does not absorb the lesson of the *Pesach* offering, but rather assumes that he *is* his own

SHULCHAN ORECH

The meal should be eaten in a combination of joy and solemnity, for the meal, too, is a part of the Seder service. While it is desirable that zemiros and discussion of the laws and events of Pesach be part of the meal, extraneous conversation should be avoided. It should be remembered that the Afikoman must be eaten while there is still some appetite for it. In fact, if one is so sated that he must literally force himself to eat it, he is not credited with the performance of the mitzvah of Afikoman. Therefore, it is unwise to eat more than a moderate amount during the meal.

TZAFUN

Some recite the following declaration:

Behold, I am prepared and ready to fulfill the mitzvah of eating the afikoman in remembrance of the Pesach-offering and in remembrance of the chagigah-offering.

From the Afikoman matzah (and from additional matzos to make up the required amount), a half-egg-volume portion — according to some, a full egg's volume portion — is given to each participant. It should be eaten before midnight, while reclining, quickly, and without interruption. Nothing may be eaten or drunk after the Afikoman (with the exception of water and the like) except for the last two Seder cups of wine.

BARECH

The third cup is rinsed inside and out and poured. The head of the household raises his cup while all recite *Bircas HaMazon* (Grace After Meals). The Cup of Eliahu is poured at this point.

לא הגיע הזמן עד עתה, וגם כדי להרבות נפלאותיו כדאיתא בקרא [שמות יא ט]. ולכן אכילת פסח מוכרח למצות. וכן צריך לידע שבלא אופן הנהגת החיים שמורה הפסח, ויחשוב שהוא בעלים על עצמו ויש לו איזה קנין בעולם אז נעשו מזה רשעים ורוצחים אף איש את אחיו, כמו שמררו המצרים את חיי אבותינו בעבודת פרך וכעשו שרדף ליעקב אף שהי' אחיו. וזהו ענין מרור שצריך לאכול עם הפסח, שידיעת ג' דברים אלו הם הדרך טובה איך להתנהג, וההיפוך הוא דרך רע מאד. ובידיעתו שהאמת כן אז ילך לבטח דרכו בכל משך חייו בעולם הגשם. (דרש משה, דרוש י')

---

master and that he can control his own destiny, then his end will be bitter indeed. Such beliefs result in anarchy and evil, just as the Egyptians believed that they could destroy the Jews, and enslaved and persecuted them, so do other nations oppress and even murder their fellow men. Similarly, we see that Eisav was ready to kill Yaakov, though he was his brother. This is why God commanded us to eat *maror* together with the *Pesach* and the matzah — to symbolize not only the correct approach to life, but the dangers of straying from it, as well. One who absorbs these lessons and lives by them will walk confidently along the proper path all the days of his earthly life.

תהלים קכו

שִׁיר הַמַּעֲלוֹת, בְּשׁוּב יהוה אֶת שִׁיבַת צִיּוֹן, הָיִינוּ כְּחֹלְמִים. אָז יִמָּלֵא שְׂחוֹק פִּינוּ וּלְשׁוֹנֵנוּ רִנָּה, אָז יֹאמְרוּ בַגּוֹיִם, הִגְדִּיל יהוה לַעֲשׂוֹת עִם אֵלֶּה. הִגְדִּיל יהוה לַעֲשׂוֹת עִמָּנוּ, הָיִינוּ שְׂמֵחִים. שׁוּבָה יהוה אֶת שְׁבִיתֵנוּ, כַּאֲפִיקִים בַּנֶּגֶב. הַזֹּרְעִים בְּדִמְעָה בְּרִנָּה יִקְצֹרוּ. הָלוֹךְ יֵלֵךְ וּבָכֹה נֹשֵׂא מֶשֶׁךְ הַזָּרַע, בֹּא יָבֹא בְרִנָּה, נֹשֵׂא אֲלֻמֹּתָיו.

תְּהִלַּת יהוה יְדַבֶּר פִּי, וִיבָרֵךְ כָּל בָּשָׂר שֵׁם קָדְשׁוֹ לְעוֹלָם וָעֶד.[1] וַאֲנַחְנוּ נְבָרֵךְ יָהּ, מֵעַתָּה וְעַד עוֹלָם, הַלְלוּיָהּ.[2] הוֹדוּ לַיהוה כִּי טוֹב, כִּי לְעוֹלָם חַסְדּוֹ.[3] מִי יְמַלֵּל גְּבוּרוֹת יהוה, יַשְׁמִיעַ כָּל תְּהִלָּתוֹ.[4]

זימון

*If three or more males, aged thirteen or older, participate in a meal,
a leader is appointed to formally invite the others to join him in the recitation
of Bircas HaMazon. This invitation is called zimun.*

Leader— רַבּוֹתַי נְבָרֵךְ.

Others— יְהִי שֵׁם יהוה מְבֹרָךְ מֵעַתָּה וְעַד עוֹלָם.[5]

If ten men join in the zimun the words in parentheses are added.

Leader— יְהִי שֵׁם יהוה מְבֹרָךְ מֵעַתָּה וְעַד עוֹלָם.[5]
בִּרְשׁוּת מָרָנָן וְרַבָּנָן וְרַבּוֹתַי, נְבָרֵךְ (אֱלֹהֵינוּ) שֶׁאָכַלְנוּ מִשֶּׁלּוֹ.

Others— בָּרוּךְ (אֱלֹהֵינוּ) שֶׁאָכַלְנוּ מִשֶּׁלּוֹ וּבְטוּבוֹ חָיִינוּ.

Leader— בָּרוּךְ (אֱלֹהֵינוּ) שֶׁאָכַלְנוּ מִשֶּׁלּוֹ וּבְטוּבוֹ חָיִינוּ.
בָּרוּךְ הוּא וּבָרוּךְ שְׁמוֹ.

*The zimun leader should recite Bircas HaMazon (or, at least, the conclusion of each blessing)
aloud thus allowing the others to respond Amen to his blessings. Otherwise it is forbidden to
interrupt Bircas HaMazon for any response other than those permitted during the Shema.*

---

(1) *Psalms* 145:21. (2) 115:18. (3) 118:1. (4) 106:2. (5) *Psalms* 113:2.

Psalm 126

שִׁיר הַמַּעֲלוֹת‎ A song of ascents. When HASHEM will return the captivity of Zion, we will be like dreamers. Then our mouth will be filled with laughter and our tongue with glad song. Then they will declare among the nations, 'HASHEM has done greatly with these.' HASHEM has done greatly with us, we were gladdened. O HASHEM — return our captivity like springs in the desert. Those who tearfully sow will reap in glad song. He who bears the measure of seeds walks along weeping, but will return in exultation, a bearer of his sheaves.

תְּהִלַּת‎ May my mouth declare the praise of HASHEM and may all flesh bless His Holy Name forever.[1] We will bless HASHEM from this time and forever, Halleluyah![2] Give thanks to God for He is good, His kindness endures forever.[3] Who can express the mighty acts of HASHEM? Who can declare all His praise?[4]

ZIMUN/INVITATION

If three or more males, aged thirteen or older, participate in a meal, a leader is appointed to formally invite the others to join him in the recitation of Grace after Meals. This invitation is called zimun.

Leader – **Gentlemen, let us bless.**

Others – **Blessed be the Name of HASHEM from this time and forever![5]**

If ten men join in the zimun the words in brackets are added.

Leader – **Blessed be the Name of HASHEM from this time and forever![5] With the permission of the distinguished people present, let us bless [our God,] He of Whose we have eaten.**

Others – **Blessed is [our God,] He of Whose we have eaten and Whose goodness we live.**

Leader – **Blessed is [our God,] He of Whose we have eaten and Whose goodness we live. Blessed is He and Blessed is His Name.**

The zimun leader should recite Grace after Meals (or, at least, the conclusion of each blessing) aloud thus allowing the others to respond Amen to his blessings. Otherwise it is forbidden to interrupt Grace after Meals for any response other than those permitted during the Shema.

ברכת הזן

בָּרוּךְ אַתָּה יהוה אֱלֹהֵינוּ מֶלֶךְ הָעוֹלָם, הַזָּן אֶת הָעוֹלָם כֻּלּוֹ, בְּטוּבוֹ, בְּחֵן בְּחֶסֶד וּבְרַחֲמִים, הוּא נֹתֵן לֶחֶם לְכָל בָּשָׂר, כִּי לְעוֹלָם חַסְדּוֹ.[1] וּבְטוּבוֹ הַגָּדוֹל, תָּמִיד לֹא חָסַר לָנוּ, וְאַל יֶחְסַר לָנוּ מָזוֹן לְעוֹלָם וָעֶד. בַּעֲבוּר שְׁמוֹ הַגָּדוֹל, כִּי הוּא אֵל זָן וּמְפַרְנֵס לַכֹּל, וּמֵטִיב לַכֹּל, וּמֵכִין מָזוֹן לְכָל בְּרִיּוֹתָיו אֲשֶׁר בָּרָא. ❖ בָּרוּךְ אַתָּה יהוה, הַזָּן אֶת הַכֹּל. (Others— אָמֵן.)

ברכת הארץ

נוֹדֶה לְּךָ יהוה אֱלֹהֵינוּ, עַל שֶׁהִנְחַלְתָּ לַאֲבוֹתֵינוּ אֶרֶץ חֶמְדָּה טוֹבָה וּרְחָבָה. וְעַל שֶׁהוֹצֵאתָנוּ יהוה אֱלֹהֵינוּ מֵאֶרֶץ מִצְרַיִם, וּפְדִיתָנוּ מִבֵּית עֲבָדִים, וְעַל בְּרִיתְךָ שֶׁחָתַמְתָּ בִּבְשָׂרֵנוּ, וְעַל תּוֹרָתְךָ שֶׁלִּמַּדְתָּנוּ, וְעַל חֻקֶּיךָ שֶׁהוֹדַעְתָּנוּ, וְעַל חַיִּים חֵן וָחֶסֶד שֶׁחוֹנַנְתָּנוּ, וְעַל אֲכִילַת מָזוֹן שָׁאַתָּה זָן וּמְפַרְנֵס אוֹתָנוּ תָּמִיד, בְּכָל יוֹם וּבְכָל עֵת וּבְכָל שָׁעָה.

וְעַל הַכֹּל יהוה אֱלֹהֵינוּ אֲנַחְנוּ מוֹדִים לָךְ, וּמְבָרְכִים אוֹתָךְ, יִתְבָּרַךְ שִׁמְךָ בְּפִי כָּל חַי תָּמִיד לְעוֹלָם וָעֶד. כַּכָּתוּב, וְאָכַלְתָּ וְשָׂבָעְתָּ, וּבֵרַכְתָּ אֶת יהוה אֱלֹהֶיךָ, עַל הָאָרֶץ הַטֹּבָה אֲשֶׁר נָתַן לָךְ.[2] ❖ בָּרוּךְ אַתָּה יהוה, עַל הָאָרֶץ וְעַל הַמָּזוֹן. (Others— אָמֵן.)

בנין ירושלים

רַחֵם יהוה אֱלֹהֵינוּ עַל יִשְׂרָאֵל עַמֶּךָ, וְעַל יְרוּשָׁלַיִם עִירֶךָ, וְעַל צִיּוֹן מִשְׁכַּן כְּבוֹדֶךָ, וְעַל מַלְכוּת בֵּית

(1) *Psalms* 136:25. (2) *Deuteronomy* 8:10.

FIRST BLESSING: FOR THE NOURISHMENT

בָּרוּךְ Blessed are You, HASHEM, our God, King of the universe, Who nourishes the entire world, in His goodness — with grace, with kindness, and with mercy. He gives nourishment to all flesh, for His kindness is eternal.[1] And through His great goodness, we have never lacked, and may we never lack, nourishment, for all eternity. For the sake of His great Name, because He is God Who nourishes and sustains all, and benefits all, and He prepares food for all of His creatures which He has created. Leader— **Blessed are You, HASHEM, Who nourishes all.**

(Others— Amen.)

SECOND BLESSING: FOR THE LAND

נוֹדֶה We thank You, HASHEM, our God, because You have given to our forefathers as a heritage a desirable, good and spacious land; because You removed us, HASHEM, our God, from the land of Egypt and You redeemed us from the house of bondage; for Your covenant which You sealed in our flesh; for Your Torah which You taught us and for Your statutes which You made known to us; for life, grace, and lovingkindness which You granted us; and for the provision of food with which You nourish and sustain us constantly, in every day, in every season, and in every hour.

וְעַל הַכֹּל For all, HASHEM, our God, we thank You and bless You. May Your Name be blessed by the mouth of all the living, continuously for all eternity. As it is written: 'And you shall eat and you shall be satisfied and you shall bless HASHEM, your God, for the good land which He gave you.'[2] Leader— **Blessed are You, HASHEM, for the land and for the nourishment.**

(Others— Amen.)

THIRD BLESSING: FOR JERUSALEM

רַחֵם Have mercy, HASHEM, our God, on Israel Your people; on Jerusalem, Your city, on Zion, the resting place of Your Glory; on the monarchy of the house of

דָּוִד מְשִׁיחֶךָ, וְעַל הַבַּיִת הַגָּדוֹל וְהַקָּדוֹשׁ שֶׁנִּקְרָא שִׁמְךָ עָלָיו. אֱלֹהֵינוּ אָבִינוּ רְעֵנוּ זוּנֵנוּ פַּרְנְסֵנוּ וְכַלְכְּלֵנוּ וְהַרְוִיחֵנוּ, וְהַרְוַח לָנוּ יהוה אֱלֹהֵינוּ מְהֵרָה מִכָּל צָרוֹתֵינוּ. וְנָא אַל תַּצְרִיכֵנוּ יהוה אֱלֹהֵינוּ, לֹא לִידֵי מַתְּנַת בָּשָׂר וָדָם, וְלֹא לִידֵי הַלְוָאָתָם, כִּי אִם לְיָדְךָ הַמְּלֵאָה הַפְּתוּחָה הַקְּדוֹשָׁה וְהָרְחָבָה, שֶׁלֹּא נֵבוֹשׁ וְלֹא נִכָּלֵם לְעוֹלָם וָעֶד.

On the Sabbath add the following. [If forgotten, see box on next page.]

רְצֵה וְהַחֲלִיצֵנוּ יהוה אֱלֹהֵינוּ בְּמִצְוֹתֶיךָ, וּבְמִצְוַת יוֹם הַשְּׁבִיעִי הַשַּׁבָּת הַגָּדוֹל וְהַקָּדוֹשׁ הַזֶּה, כִּי יוֹם זֶה גָּדוֹל וְקָדוֹשׁ הוּא לְפָנֶיךָ, לִשְׁבָּת בּוֹ וְלָנוּחַ בּוֹ בְּאַהֲבָה כְּמִצְוַת רְצוֹנֶךָ, וּבִרְצוֹנְךָ הָנִיחַ לָנוּ יהוה אֱלֹהֵינוּ, שֶׁלֹּא תְהֵא צָרָה וְיָגוֹן וַאֲנָחָה בְּיוֹם מְנוּחָתֵנוּ, וְהַרְאֵנוּ יהוה אֱלֹהֵינוּ בְּנֶחָמַת צִיּוֹן עִירֶךָ, וּבְבִנְיַן יְרוּשָׁלַיִם עִיר קָדְשֶׁךָ, כִּי אַתָּה הוּא בַּעַל הַיְשׁוּעוֹת וּבַעַל הַנֶּחָמוֹת.

אֱלֹהֵינוּ וֵאלֹהֵי אֲבוֹתֵינוּ, יַעֲלֶה, וְיָבֹא, וְיַגִּיעַ, וְיֵרָאֶה, וְיֵרָצֶה, וְיִשָּׁמַע, וְיִפָּקֵד, וְיִזָּכֵר זִכְרוֹנֵנוּ וּפִקְדוֹנֵנוּ, וְזִכְרוֹן אֲבוֹתֵינוּ, וְזִכְרוֹן מָשִׁיחַ בֶּן דָּוִד עַבְדֶּךָ, וְזִכְרוֹן יְרוּשָׁלַיִם עִיר קָדְשֶׁךָ, וְזִכְרוֹן כָּל עַמְּךָ בֵּית יִשְׂרָאֵל לְפָנֶיךָ, לִפְלֵיטָה לְטוֹבָה לְחֵן וּלְחֶסֶד וּלְרַחֲמִים, לְחַיִּים וּלְשָׁלוֹם בְּיוֹם חַג הַמַּצּוֹת הַזֶּה. זָכְרֵנוּ יהוה אֱלֹהֵינוּ בּוֹ לְטוֹבָה, וּפָקְדֵנוּ בוֹ לִבְרָכָה, וְהוֹשִׁיעֵנוּ בוֹ לְחַיִּים. וּבִדְבַר יְשׁוּעָה וְרַחֲמִים, חוּס וְחָנֵּנוּ וְרַחֵם עָלֵינוּ וְהוֹשִׁיעֵנוּ, כִּי אֵלֶיךָ עֵינֵינוּ, כִּי אֵל חַנּוּן וְרַחוּם אָתָּה.[1]

(1) Cf. *Nehemiah* 9:31.

David, Your anointed; and on the great and holy House upon which Your Name is called. Our God, our Father — tend us, nourish us, sustain us, support us, relieve us; HASHEM, our God, grant us speedy relief from all our troubles. Please, make us not needful — HASHEM, our God — of the gifts of human hands nor of their loans, but only of Your Hand that is full, open, holy, and generous, that we not feel inner shame nor be humiliated for ever and ever.

On the Sabbath add the following. [If forgotten, see box on next page]

רְצֵה May it please You, HASHEM, our God — give us rest through Your commandments and through the commandment of the seventh day, this great and holy Sabbath. For this day is great and holy before You to rest on it and be content on it in love, as ordained by Your will. May it be Your will, HASHEM, our God, that there be no distress, grief, or lament on this day of our contentment. And show us, HASHEM, our God, the consolation of Zion, Your city, and the rebuilding of Jerusalem, City of Your holiness, for You are the Master of salvations and Master of consolations.

אֱלֹהֵינוּ Our God and God of our forefathers, may there rise, come, reach, be noted, be favored, be heard, be considered, and be remembered — the remembrance and consideration of ourselves; the remembrance of our forefathers; the remembrance of Messiah, son of David, Your servant; the remembrance of Jerusalem, the City of Your Holiness; the remembrance of Your entire people the Family of Israel — before You for deliverance, for goodness, for grace, for kindness, and for compassion, for life, and for peace on this Day of the Festival of Matzos. Remember us on it, HASHEM, our God, for goodness; consider us on it for blessing; and help us on it for life. In the matter of salvation and compassion, pity, be gracious and compassionate with us and help us, for our eyes are turned to You, because You are God, gracious and compassionate.[1]

❖ **וּבְנֵה** יְרוּשָׁלַיִם עִיר הַקֹּדֶשׁ בִּמְהֵרָה בְיָמֵינוּ. בָּרוּךְ אַתָּה יהוה, בּוֹנֵה (בְּרַחֲמָיו) יְרוּשָׁלָיִם. אָמֵן.

(Others – אָמֵן.)

[When required, the compensatory blessing (below) is recited at this point.]

הטוב והמטיב

בָּרוּךְ אַתָּה יהוה אֱלֹהֵינוּ מֶלֶךְ הָעוֹלָם, הָאֵל אָבִינוּ מַלְכֵּנוּ אַדִּירֵנוּ בּוֹרְאֵנוּ גּוֹאֲלֵנוּ יוֹצְרֵנוּ קְדוֹשֵׁנוּ קְדוֹשׁ יַעֲקֹב, רוֹעֵנוּ רוֹעֵה יִשְׂרָאֵל, הַמֶּלֶךְ הַטּוֹב וְהַמֵּטִיב לַכֹּל, שֶׁבְּכָל יוֹם וָיוֹם הוּא הֵטִיב, הוּא מֵטִיב, הוּא יֵיטִיב לָנוּ. הוּא גְמָלָנוּ הוּא גוֹמְלֵנוּ הוּא יִגְמְלֵנוּ לָעַד, לְחֵן וּלְחֶסֶד וּלְרַחֲמִים וּלְרֶוַח הַצָּלָה וְהַצְלָחָה, בְּרָכָה וִישׁוּעָה נֶחָמָה פַּרְנָסָה וְכַלְכָּלָה ❖ וְרַחֲמִים וְחַיִּים וְשָׁלוֹם וְכָל טוֹב, וּמִכָּל טוּב לְעוֹלָם אַל יְחַסְּרֵנוּ.

(Others – אָמֵן.)

❧ If One Omitted יַעֲלֶה וְיָבֹא or רְצֵה

If one omitted יַעֲלֶה וְיָבֹא on Pesach (and/or רְצֵה on Pesach that falls on the Sabbath):

(a) If he realizes his omission after having recited the word בּוֹנֵה, *Who rebuilds,* of the next paragraph, but has not yet begun the following blessing, he completes the blessing until אָמֵן, and then makes up for the omission by recitting the appropriate Compensatory Blessing (facing page).

(b) If he realizes his omission after reciting the words בָּרוּךְ אַתָּה ה׳, *Blessed are You, HASHEM,* but had not yet said the word בּוֹנֵה, *Who rebuilds,* he concludes with the phrase לַמְּדֵנִי חֻקֶּיךָ, *teach me Your statutes;* then recites the omitted paragraph and continues from there. [This ruling is based on the fact that בָּרוּךְ אַתָּה ה׳ לַמְּדֵנִי חֻקֶּיךָ, *Blessed are You, HASHEM; teach me Your statutes,* is a verse in *Psalms* (119:12) and not a blessing. Only if one has recited the next blessing of *Bircas HaMazon* is it forbidden to go back to a previous blessing, but if one has merely inserted a verse from *Psalms,* he is still in the middle of the prayer and may go back to correct an omission.]

(c) If he realizes his omission after having recited the first six words of the fourth blessing, he may still switch immediately into the compensatory blessing since the words אַתָּה . . . הָעוֹלָם are identical in both blessings.

(d) If he realizes his omission after having recited the word הָאֵל, *the Almighty,* of the fourth blessing, it is too late for the compensatory blessing to be recited. In that case, at the first two meals of *Shabbos* and *Yom Tov* (but not *Chol HaMoed)*, *Bircas HaMazon* must be repeated in its entirety; at the third meal, nothing need be done.

❖ וּבְנֵה Rebuild Jerusalem, the Holy City, soon in our days. Blessed are You, HASHEM, Who rebuilds Jerusalem (in His mercy). Amen. (Others— Amen.)

[When required, the compensatory blessing (below) is recited at this point.]

FOURTH BLESSING: GOD'S GOODNESS

בָּרוּךְ Blessed are You, HASHEM, our God, King of the Universe, the Almighty, our Father, our King, our Sovereign, our Creator, our Redeemer, our Maker, our Holy One, Holy One of Jacob, our Shepherd, the Shepherd of Israel, the King Who is good and Who does good for all. For every single day He did good, He does good, and He will do good to us. He was bountiful with us, He is bountiful with us, and He will forever be bountiful with us — with grace and with kindness and with mercy, with relief, salvation, success, blessing, help, consolation, sustenance, support, Leader— mercy, life, peace, and all good; and of all good things may He never deprive us.

(Others— **Amen.**)

◦§ Compensatory Blessings (see facing page)

If יַעֲלֶה וְיָבֹא was omitted on any day other than the Sabbath.

בָּרוּךְ אַתָּה יהוה אֱלֹהֵינוּ מֶלֶךְ הָעוֹלָם, אֲשֶׁר נָתַן יָמִים טוֹבִים לְעַמּוֹ יִשְׂרָאֵל לְשָׂשׂוֹן וּלְשִׂמְחָה, אֶת יוֹם חַג הַמַּצּוֹת הַזֶּה. בָּרוּךְ אַתָּה יהוה, מְקַדֵּשׁ יִשְׂרָאֵל וְהַזְּמַנִּים.

Blessed are You, HASHEM, our God, King of the universe, Who gave festivals to His people Israel for happiness and gladness, this day of the Festival of Matzos. Blessed are You, HASHEM, Who sanctifies Israel and the seasons.

If both רְצֵה and יַעֲלֶה וְיָבֹא were omitted on Pesach that falls on the Sabbath:

בָּרוּךְ אַתָּה יהוה אֱלֹהֵינוּ מֶלֶךְ הָעוֹלָם, אֲשֶׁר נָתַן שַׁבָּתוֹת לִמְנוּחָה לְעַמּוֹ יִשְׂרָאֵל בְּאַהֲבָה, לְאוֹת וְלִבְרִית, וְיָמִים טוֹבִים לְשָׂשׂוֹן וּלְשִׂמְחָה, אֶת יוֹם חַג הַמַּצּוֹת הַזֶּה. בָּרוּךְ אַתָּה יהוה, מְקַדֵּשׁ הַשַּׁבָּת וְיִשְׂרָאֵל וְהַזְּמַנִּים.

Blessed are You, HASHEM, our God, King of the universe, Who gave Sabbaths for contentment to His people Israel with love as a sign and as a covenant, and festivals for happiness and gladness, this day of the Festival of Matzos. Blessed are You, HASHEM, Who sanctifies the Sabbath, Israel, and the seasons.

If יַעֲלֶה וְיָבֹא was recited, but רְצֵה was omitted on the Sabbath:

בָּרוּךְ אַתָּה יהוה אֱלֹהֵינוּ מֶלֶךְ הָעוֹלָם, אֲשֶׁר נָתַן שַׁבָּתוֹת לִמְנוּחָה לְעַמּוֹ יִשְׂרָאֵל בְּאַהֲבָה, לְאוֹת וְלִבְרִית. בָּרוּךְ אַתָּה יהוה, מְקַדֵּשׁ הַשַּׁבָּת.

Blessed are You, HASHEM, our God, King of the universe, Who gave Sabbaths for contentment to His people Israel with love, as a sign and as a covenant. Blessed are You, HASHEM, Who sanctifies the Sabbath.

הָרַחֲמָן הוּא יִמְלוֹךְ עָלֵינוּ לְעוֹלָם וָעֶד. הָרַחֲמָן הוּא יִתְבָּרַךְ בַּשָּׁמַיִם וּבָאָרֶץ. הָרַחֲמָן הוּא יִשְׁתַּבַּח לְדוֹר דּוֹרִים, וְיִתְפָּאַר בָּנוּ לָעַד וּלְנֵצַח נְצָחִים, וְיִתְהַדַּר בָּנוּ לָעַד וּלְעוֹלְמֵי עוֹלָמִים. הָרַחֲמָן הוּא יְפַרְנְסֵנוּ בְּכָבוֹד. הָרַחֲמָן הוּא יִשְׁבּוֹר עֻלֵּנוּ מֵעַל צַוָּארֵנוּ, וְהוּא יוֹלִיכֵנוּ קוֹמְמִיּוּת לְאַרְצֵנוּ. הָרַחֲמָן הוּא יִשְׁלַח לָנוּ בְּרָכָה מְרֻבָּה בַּבַּיִת הַזֶּה, וְעַל שֻׁלְחָן זֶה שֶׁאָכַלְנוּ עָלָיו. הָרַחֲמָן הוּא יִשְׁלַח לָנוּ אֶת אֵלִיָּהוּ הַנָּבִיא זָכוּר לַטּוֹב, וִיבַשֶּׂר לָנוּ בְּשׂוֹרוֹת טוֹבוֹת יְשׁוּעוֹת וְנֶחָמוֹת.

The Talmud (*Berachos* 46a) gives a rather lengthy text of the blessing that a guest inserts here for the host. It is quoted with minor variations in *Shulchan Aruch* (*Orach Chaim* 201) and many authorities are at a loss to explain why the prescribed text has fallen into disuse in favor of the briefer version commonly used. The text found in *Shulchan Aruch* is:

יְהִי רָצוֹן שֶׁלֹּא יֵבוֹשׁ וְלֹא יִכָּלֵם בַּעַל הַבַּיִת הַזֶּה, לֹא בָעוֹלָם הַזֶּה וְלֹא בָעוֹלָם הַבָּא, וְיַצְלִיחַ בְּכָל נְכָסָיו, וְיִהְיוּ נְכָסָיו מוּצְלָחִים וּקְרוֹבִים לָעִיר, וְאַל יִשְׁלוֹט שָׂטָן בְּמַעֲשֵׂה יָדָיו, וְאַל יִזְדַּקֵּק לְפָנָיו שׁוּם דְּבַר חֵטְא וְהִרְהוּר עָוֹן, מֵעַתָּה וְעַד עוֹלָם.

Those eating at their own table recite (including the words in parentheses that apply):

הָרַחֲמָן הוּא יְבָרֵךְ אוֹתִי (וְאֶת אִשְׁתִּי / בַּעְלִי וְאֶת זַרְעִי) וְאֶת כָּל אֲשֶׁר לִי.

Guests recite the following (children at their parents' table include the words in parentheses):

הָרַחֲמָן הוּא יְבָרֵךְ אֶת (אָבִי מוֹרִי) בַּעַל הַבַּיִת הַזֶּה, וְאֶת (אִמִּי מוֹרָתִי) בַּעֲלַת הַבַּיִת הַזֶּה, אוֹתָם וְאֶת בֵּיתָם וְאֶת זַרְעָם וְאֶת כָּל אֲשֶׁר לָהֶם

אוֹתָנוּ וְאֶת כָּל אֲשֶׁר לָנוּ, כְּמוֹ שֶׁנִּתְבָּרְכוּ אֲבוֹתֵינוּ אַבְרָהָם יִצְחָק וְיַעֲקֹב בַּכֹּל מִכֹּל כֹּל,[1] כֵּן יְבָרֵךְ אוֹתָנוּ כֻּלָּנוּ יַחַד בִּבְרָכָה שְׁלֵמָה, וְנֹאמַר, אָמֵן.

הָרַחֲמָן The compassionate One! May He reign over us forever. The compassionate One! May He be blessed in heaven and on earth. The compassionate One! May He be praised throughout all generations, may He be glorified through us forever to the ultimate ends, and be honored through us forever and for all eternity. The compassionate One! May He sustain us in honor. The compassionate One! May He break the yoke of oppression from our necks and guide us erect to our Land. The compassionate One! May He send us abundant blessing to this house and upon this table at which we have eaten. The compassionate One! May He send us Elijah, the Prophet — he is remembered for good — to proclaim to us good tidings, salvations, and consolations.

The Talmud (*Berachos* 46a) gives a rather lengthy text of the blessing that a guest inserts here for the host. It is quoted with minor variations in *Shulchan Aruch* (*Orach Chaim* 201) and many authorities are at a loss to explain why the prescribed text has fallen into disuse in favor of the briefer version commonly used. The text found in *Shulchan Aruch* is:

יְהִי רָצוֹן May it be God's will that this host not be shamed nor humiliated in This World or in the World to Come. May he be successful in all his dealings. May his dealings be successful and conveniently close at hand. May no evil impediment reign over his handiwork, and may no semblance of sin or iniquitous thought attach itself to him from this time and forever.

Those eating at their own table recite (including the words in parentheses that apply):	(children at their parents' table include the words in parentheses):
The compassionate One! May He bless me (my wife/husband and my children) and all that is mine.	The compassionate One! May He bless (my father, my teacher) the master of this house, and (my mother, my teacher) lady of this house, them, their house, their family, and all that is theirs.

Ours and all that is ours — just as our forefathers Abraham, Isaac, and Jacob were blessed in everything, from everything, with everything.[1] So may He bless us all together with a perfect blessing. And let us say: Amen!

---

(1) Cf. *Genesis* 24:1; 27:33; 33:11.

בַּמָּרוֹם יְלַמְּדוּ עֲלֵיהֶם וְעָלֵינוּ זְכוּת, שֶׁתְּהֵא לְמִשְׁמֶרֶת שָׁלוֹם. וְנִשָּׂא בְרָכָה מֵאֵת יהוה, וּצְדָקָה מֵאֱלֹהֵי יִשְׁעֵנוּ, וְנִמְצָא חֵן וְשֵׂכֶל טוֹב בְּעֵינֵי אֱלֹהִים וְאָדָם.[1]

On the Sabbath add:

הָרַחֲמָן הוּא יַנְחִילֵנוּ יוֹם שֶׁכֻּלּוֹ שַׁבָּת וּמְנוּחָה לְחַיֵּי הָעוֹלָמִים.

Some add the words in parentheses on the two Seder nights.

הָרַחֲמָן הוּא יַנְחִילֵנוּ יוֹם שֶׁכֻּלּוֹ טוֹב. (יוֹם שֶׁכֻּלּוֹ אָרוּךְ, יוֹם שֶׁצַּדִּיקִים יוֹשְׁבִים וְעַטְרוֹתֵיהֶם בְּרָאשֵׁיהֶם וְנֶהֱנִים מִזִּיו הַשְּׁכִינָה, וִיהִי חֶלְקֵנוּ עִמָּהֶם.)

הָרַחֲמָן הוּא יְזַכֵּנוּ לִימוֹת הַמָּשִׁיחַ וּלְחַיֵּי הָעוֹלָם הַבָּא. מִגְדּוֹל יְשׁוּעוֹת מַלְכּוֹ וְעֹשֶׂה חֶסֶד לִמְשִׁיחוֹ לְדָוִד וּלְזַרְעוֹ עַד עוֹלָם.[2] עֹשֶׂה שָׁלוֹם בִּמְרוֹמָיו, הוּא יַעֲשֶׂה שָׁלוֹם עָלֵינוּ וְעַל כָּל יִשְׂרָאֵל. וְאִמְרוּ, אָמֵן.

יְראוּ אֶת יהוה קְדֹשָׁיו, כִּי אֵין מַחְסוֹר לִירֵאָיו. כְּפִירִים רָשׁוּ וְרָעֵבוּ, וְדֹרְשֵׁי יהוה לֹא יַחְסְרוּ כָל טוֹב.[3] הוֹדוּ לַיהוה כִּי טוֹב, כִּי לְעוֹלָם חַסְדּוֹ.[4] פּוֹתֵחַ אֶת יָדֶךָ, וּמַשְׂבִּיעַ לְכָל חַי רָצוֹן.[5] בָּרוּךְ הַגֶּבֶר אֲשֶׁר יִבְטַח בַּיהוה, וְהָיָה יהוה מִבְטַחוֹ.[6] נַעַר הָיִיתִי גַּם זָקַנְתִּי, וְלֹא רָאִיתִי צַדִּיק נֶעֱזָב, וְזַרְעוֹ מְבַקֶּשׁ לָחֶם.[7] יהוה עֹז לְעַמּוֹ יִתֵּן, יהוה יְבָרֵךְ אֶת עַמּוֹ בַשָּׁלוֹם.[8]

Upon completion of *Bircas HaMazon* the blessing over wine is recited and the third cup is drunk while reclining on the left side. It is preferable to drink the entire cup, but at the very least, most of the cup should be drained.

בָּרוּךְ אַתָּה יהוה אֱלֹהֵינוּ מֶלֶךְ הָעוֹלָם, בּוֹרֵא פְּרִי הַגָּפֶן.

---

(1) Cf. *Proverbs* 3:4. (2) *Psalms* 18:51. (3) 34:10-11. (4) 136:1 et al.
(5) 145:16. (6) *Jeremiah* 17:7. (7) *Psalms* 37:25. (8) 29:11.

בַּמָּרוֹם On high, may merit be pleaded upon them and upon us, for a safeguard of peace. May we receive a blessing from HASHEM and just kindness from the God of our salvation, and find favor and good understanding in the eyes of God and man.[1]

> On the Sabbath add:
> The compassionate One! May He cause us to inherit the day which will be completely a Sabbath and rest day for eternal life.

Some add the words in parentheses on the two Seder nights.

הָרַחֲמָן The compassionate One! May He cause us to inherit the day which is completely good (that everlasting day, the day when the just will sit with crowns on their heads, enjoying the reflection of God's majesty — and may our portion be with them!).

הָרַחֲמָן The compassionate One! May He make us worthy of the days of Messiah and the life of the World to Come. He Who is a tower of salvations to His king and does kindness for His anointed, to David and to his descendants forever.[2] He Who makes peace in His heights, may He make peace upon us and upon all Israel. Now respond: Amen!

יְראוּ Fear HASHEM, you — His holy ones — for there is no deprivation for His reverent ones. Young lions may want and hunger, but those who seek HASHEM will not lack any good.[3] Give thanks to God for He is good; His kindness endures forever.[4] You open Your hand and satisfy the desire of every living thing.[5] Blessed is the man who trusts in HASHEM, then HASHEM will be his security.[6] I was a youth and also have aged, and I have not seen a righteous man forsaken, with his children begging for bread.[7] HASHEM will give might to His people; HASHEM will bless His people with peace.[8]

Upon completion of Bircas HaMazon the blessing over wine is recited and the third cup is drunk while reclining on the left side. It is preferable to drink the entire cup, but at the very least, most of the cup should be drained.

בָּרוּךְ Blessed are You, HASHEM, our God, King of the universe, Who creates the fruit of the vine.

While the cup of Elijah remains on the table, the door is opened in accordance with the verse, 'It is a guarded night.' Then the following paragraph is recited.

שְׁפֹךְ חֲמָתְךָ אֶל הַגּוֹיִם אֲשֶׁר לֹא יְדָעוּךָ וְעַל מַמְלָכוֹת אֲשֶׁר בְּשִׁמְךָ לֹא קָרָאוּ. כִּי אָכַל אֶת יַעֲקֹב וְאֶת נָוֵהוּ הֵשַׁמּוּ.[1] שְׁפָךְ עֲלֵיהֶם זַעְמֶךָ וַחֲרוֹן אַפְּךָ יַשִּׂיגֵם.[2] תִּרְדֹּף בְּאַף וְתַשְׁמִידֵם מִתַּחַת שְׁמֵי יהוה.[3]

הלל

The door is closed, the fourth cup is poured, and the recitation of the Haggadah (by women as well as men) is continued. We remain seated while reciting it. It is appropriate to raise the cup during this recitation. *Hallel,* as well as the fourth cup of wine that follows it, must be completed before midnight.

לֹא לָנוּ יהוה לֹא לָנוּ, כִּי לְשִׁמְךָ תֵּן כָּבוֹד, עַל חַסְדְּךָ עַל אֲמִתֶּךָ. לָמָּה יֹאמְרוּ הַגּוֹיִם, אַיֵּה נָא אֱלֹהֵיהֶם. וֵאלֹהֵינוּ בַשָּׁמָיִם, כֹּל אֲשֶׁר חָפֵץ עָשָׂה. עֲצַבֵּיהֶם כֶּסֶף וְזָהָב, מַעֲשֵׂה יְדֵי אָדָם. פֶּה לָהֶם וְלֹא יְדַבֵּרוּ, עֵינַיִם לָהֶם וְלֹא יִרְאוּ. אָזְנַיִם לָהֶם וְלֹא יִשְׁמָעוּ, אַף לָהֶם וְלֹא יְרִיחוּן. יְדֵיהֶם וְלֹא יְמִישׁוּן, רַגְלֵיהֶם וְלֹא יְהַלֵּכוּ, לֹא יֶהְגּוּ בִּגְרוֹנָם. כְּמוֹהֶם יִהְיוּ עֹשֵׂיהֶם, כֹּל אֲשֶׁר בֹּטֵחַ בָּהֶם. יִשְׂרָאֵל בְּטַח בַּיהוה, עֶזְרָם וּמָגִנָּם הוּא. בֵּית אַהֲרֹן בִּטְחוּ בַיהוה, עֶזְרָם וּמָגִנָּם הוּא. יִרְאֵי יהוה בִּטְחוּ בַיהוה, עֶזְרָם וּמָגִנָּם הוּא.

יהוה זְכָרָנוּ יְבָרֵךְ, יְבָרֵךְ אֶת בֵּית יִשְׂרָאֵל, יְבָרֵךְ אֶת בֵּית אַהֲרֹן. יְבָרֵךְ יִרְאֵי יהוה, הַקְּטַנִּים עִם הַגְּדֹלִים. יֹסֵף יהוה עֲלֵיכֶם, עֲלֵיכֶם וְעַל בְּנֵיכֶם. בְּרוּכִים אַתֶּם לַיהוה, עֹשֵׂה שָׁמַיִם וָאָרֶץ. הַשָּׁמַיִם שָׁמַיִם לַיהוה, וְהָאָרֶץ נָתַן לִבְנֵי אָדָם. לֹא הַמֵּתִים יְהַלְלוּ יָהּ, וְלֹא כָּל יֹרְדֵי דוּמָה. וַאֲנַחְנוּ נְבָרֵךְ יָהּ, מֵעַתָּה וְעַד עוֹלָם, הַלְלוּיָהּ.

---

(1) *Psalms* 79:6-7. (2) 69:25. (3) *Lamentations* 3:66.

While the cup of Elijah remains on the table, the door is opened in accordance with the verse,
'It is a guarded night.' Then the following paragraph is recited.

שְׁפֹךְ Pour Your wrath upon the nations that do not recognize You and upon the kingdoms that do not invoke Your Name. For they have devoured Yaakov and destroyed His habitation.[1] Pour Your anger upon them and let Your fiery wrath overtake them.[2] Pursue them with wrath and annihilate them from beneath the heavens of HASHEM.[3]

HALLEL

The door is closed, the fourth cup is poured, and the recitation of the Haggadah (by women as well as men) is continued. We remain seated while reciting it. It is appropriate to raise the cup during this recitation. Hallel, as well as the fourth cup of wine that follows it, must be completed before midnight.

לֹא לָנוּ Not for our sake, HASHEM, not for our sake, but for Your Name's sake give glory, for Your kindness and for Your truth! Why should the nations say, 'Where is their God now?' Our God is in the heavens; whatever He pleases, He does! Their idols are silver and gold, the handiwork of man. They have a mouth, but cannot speak; they have eyes, but cannot see. They have ears, but cannot hear; they have a nose, but cannot smell. Their hands — they cannot feel; their feet — they cannot walk; they cannot utter a sound from their throat. Those who make them should become like them, whoever trusts in them! O Israel, trust in HASHEM; — their help and their shield is He! House of Aaron, trust in HASHEM; their help and their shield is He! You who fear HASHEM, trust in HASHEM; their help and their shield is He!

יהוה HASHEM Who has remembered us will bless — He will bless the House of Israel; He will bless the House of Aharon; He will bless those who fear HASHEM, the small as well as the great. May HASHEM increase upon you, upon you and upon your children! You are blessed of HASHEM, maker of heaven and earth. As for the heavens — the heavens are HASHEM's, but the earth He has given to mankind. Neither the dead can praise God, nor any who descend into silence; but we will bless God from this time and forever. Halleluyah!

אָהַבְתִּי כִּי יִשְׁמַע יהוה, אֶת קוֹלִי תַּחֲנוּנָי. כִּי הִטָּה אָזְנוֹ לִי, וּבְיָמַי אֶקְרָא. אֲפָפוּנִי חֶבְלֵי מָוֶת, וּמְצָרֵי שְׁאוֹל מְצָאוּנִי, צָרָה וְיָגוֹן אֶמְצָא. וּבְשֵׁם יהוה אֶקְרָא, אָנָּה יהוה מַלְּטָה נַפְשִׁי. חַנּוּן יהוה וְצַדִּיק, וֵאלֹהֵינוּ מְרַחֵם. שֹׁמֵר פְּתָאִים יהוה, דַּלּוֹתִי וְלִי יְהוֹשִׁיעַ. שׁוּבִי נַפְשִׁי לִמְנוּחָיְכִי, כִּי יהוה גָּמַל עָלָיְכִי. כִּי חִלַּצְתָּ נַפְשִׁי מִמָּוֶת, אֶת עֵינִי מִן דִּמְעָה, אֶת רַגְלִי מִדֶּחִי. אֶתְהַלֵּךְ לִפְנֵי יהוה, בְּאַרְצוֹת הַחַיִּים. הֶאֱמַנְתִּי כִּי אֲדַבֵּר, אֲנִי עָנִיתִי מְאֹד. אֲנִי אָמַרְתִּי בְחָפְזִי, כָּל הָאָדָם כֹּזֵב.

מָה אָשִׁיב לַיהוה, כָּל תַּגְמוּלוֹהִי עָלָי. כּוֹס יְשׁוּעוֹת אֶשָּׂא, וּבְשֵׁם יהוה אֶקְרָא. נְדָרַי לַיהוה אֲשַׁלֵּם, נֶגְדָה נָּא לְכָל עַמּוֹ. יָקָר בְּעֵינֵי יהוה, הַמָּוְתָה לַחֲסִידָיו. אָנָּה יהוה כִּי אֲנִי עַבְדֶּךָ, אֲנִי עַבְדְּךָ, בֶּן אֲמָתֶךָ, פִּתַּחְתָּ לְמוֹסֵרָי. לְךָ אֶזְבַּח זֶבַח תּוֹדָה, וּבְשֵׁם יהוה אֶקְרָא. נְדָרַי לַיהוה אֲשַׁלֵּם, נֶגְדָה נָּא לְכָל עַמּוֹ. בְּחַצְרוֹת בֵּית יהוה, בְּתוֹכֵכִי יְרוּשָׁלָיִם הַלְלוּיָהּ.

הַלְלוּ אֶת יהוה, כָּל גּוֹיִם, שַׁבְּחוּהוּ כָּל הָאֻמִּים. כִּי גָבַר עָלֵינוּ חַסְדּוֹ, וֶאֱמֶת יהוה לְעוֹלָם, הַלְלוּיָהּ.

If three or more people (including women and children) are present, the following is recited responsively.

הוֹדוּ לַיהוה כִּי טוֹב, כִּי לְעוֹלָם חַסְדּוֹ.
יֹאמַר נָא יִשְׂרָאֵל, כִּי לְעוֹלָם חַסְדּוֹ.
יֹאמְרוּ נָא בֵית אַהֲרֹן, כִּי לְעוֹלָם חַסְדּוֹ.
יֹאמְרוּ נָא יִרְאֵי יהוה, כִּי לְעוֹלָם חַסְדּוֹ.

אָהַבְתִּי I love Him, for HASHEM hears my voice, my supplications. As He has inclined His ear to me, so in my days shall I call. The pains of death encircled me; the confines of the grave have found me; trouble and sorrow I would find. Then I would invoke the Name of HASHEM: 'Please HASHEM, save my soul.' Gracious is HASHEM and righteous, our God is merciful. HASHEM protects the simple; I was brought low, but He saved me. Return, my soul, to your rest; for HASHEM has been kind to you. For You have delivered my soul from death, my eyes from tears, my feet from stumbling. I shall walk before HASHEM in the lands of the living. I have kept faith although I say: 'I suffer exceedingly.' I said in my haste: 'All mankind is deceitful.'

מָה אָשִׁיב How can I repay HASHEM for all His kindness to me? I will raise the cup of salvations and the Name of HASHEM I will invoke. My vows to HASHEM I will pay, in the presence, now, of His entire people. Difficult in the eyes of HASHEM is the death of His devout ones. Please, HASHEM — for I am Your servant, I am Your servant, son of Your handmaid — You have released my bonds. To You I will sacrifice thanksgiving offerings, and the name of HASHEM I will invoke. My vows to HASHEM I will pay, in the presence, now, of His entire people. In the courtyards of the House of HASHEM, in your midst, O Jerusalem, Halleluyah!

הַלְלוּ Praise HASHEM, all nations; praise Him, all the states! For His kindness has overwhelmed us, and the truth of HASHEM is eternal, Halleluyah!

If three or more people (including women and children) are present, the following is recited responsively.

הוֹדוּ Give thanks to HASHEM for He is good;

His kindness endures forever!

Let Israel say: His kindness endures forever!

Let the House of Aharon say: His kindness endures forever!

Let those who fear HASHEM say:

His kindness endures forever!

מִן הַמֵּצַר קָרָאתִי יָּהּ, עָנָנִי בַמֶּרְחָב יָהּ. יהוה לִי לֹא אִירָא, מַה יַּעֲשֶׂה לִי אָדָם. יהוה לִי בְּעֹזְרָי, וַאֲנִי אֶרְאֶה בְשׂנְאָי. טוֹב לַחֲסוֹת בַּיהוה, מִבְּטֹחַ בָּאָדָם. טוֹב לַחֲסוֹת בַּיהוה, מִבְּטֹחַ בִּנְדִיבִים. כָּל גּוֹיִם סְבָבוּנִי, בְּשֵׁם יהוה כִּי אֲמִילַם. סַבּוּנִי גַם סְבָבוּנִי, בְּשֵׁם יהוה כִּי אֲמִילַם. סַבּוּנִי כִדְבֹרִים דֹּעֲכוּ כְּאֵשׁ קוֹצִים, בְּשֵׁם יהוה כִּי אֲמִילַם. דָּחֹה דְחִיתַנִי לִנְפֹּל, וַיהוה עֲזָרָנִי. עָזִּי וְזִמְרָת יָהּ, וַיְהִי לִי לִישׁוּעָה. קוֹל רִנָּה וִישׁוּעָה, בְּאָהֳלֵי צַדִּיקִים, יְמִין יהוה עֹשָׂה חָיִל. יְמִין יהוה רוֹמֵמָה, יְמִין יהוה עֹשָׂה חָיִל. לֹא אָמוּת כִּי אֶחְיֶה, וַאֲסַפֵּר מַעֲשֵׂי יָהּ. יַסֹּר יִסְּרַנִּי יָּהּ, וְלַמָּוֶת לֹא נְתָנָנִי. פִּתְחוּ לִי שַׁעֲרֵי צֶדֶק, אָבֹא בָם אוֹדֶה יָהּ. זֶה הַשַּׁעַר לַיהוה, צַדִּיקִים יָבֹאוּ בוֹ. אוֹדְךָ כִּי עֲנִיתָנִי, וַתְּהִי לִי לִישׁוּעָה. אוֹדְךָ כִּי עֲנִיתָנִי, וַתְּהִי לִי לִישׁוּעָה. אֶבֶן מָאֲסוּ הַבּוֹנִים, הָיְתָה לְרֹאשׁ פִּנָּה. אֶבֶן מָאֲסוּ הַבּוֹנִים, הָיְתָה לְרֹאשׁ פִּנָּה. מֵאֵת יהוה הָיְתָה זֹּאת, הִיא נִפְלָאת בְּעֵינֵינוּ. מֵאֵת יהוה הָיְתָה זֹּאת, הִיא נִפְלָאת בְּעֵינֵינוּ. זֶה הַיּוֹם עָשָׂה יהוה, נָגִילָה וְנִשְׂמְחָה בוֹ. זֶה הַיּוֹם עָשָׂה יהוה, נָגִילָה וְנִשְׂמְחָה בוֹ.

If three or more people (including women and children) are present, the following is recited responsively.

אָנָּא יהוה הוֹשִׁיעָה נָּא.

אָנָּא יהוה הוֹשִׁיעָה נָּא.

אָנָּא יהוה הַצְלִיחָה נָא.

אָנָּא יהוה הַצְלִיחָה נָא.

בָּרוּךְ הַבָּא בְּשֵׁם יהוה, בֵּרַכְנוּכֶם מִבֵּית יהוה. בָּרוּךְ

מִן הַמֵּצַר From the straits did I call upon God; God answered me with expansiveness. HASHEM is with me, I have no fear; how can man affect me? HASHEM is with me through my helpers; therefore I can face my foes. It is better to take refuge in HASHEM than to rely on man. It is better to take refuge in HASHEM than to rely on nobles. All the nations surround me; in the Name of HASHEM I cut them down! They encircle me, they also surround me; in the Name of HASHEM I cut them down! They encircle me like bees, but they are extinguished as a fire does thorns; in the Name of HASHEM I cut them down! You pushed me hard that I might fall, but HASHEM assisted me. God is my might and my praise, and He was a salvation for me. The sound of rejoicing and salvation is in the tents of the righteous: 'HASHEM's right hand does valiantly. HASHEM's right hand is raised triumphantly; HASHEM's right hand does valiantly!' I shall not die! But I shall live and relate the deeds of God. God has chastened me exceedingly, but He did not let me die. Open for me the gates of righteousness, I will enter them and thank God. This is the gate of HASHEM; the righteous shall enter through it. I thank You for You have answered me and become my salvation. I thank You for You have answered me and become my salvation. The stone the builders despised has become the cornerstone. The stone the builders despised has become the cornerstone. This emanated from HASHEM; it is wondrous in our eyes. This emanated from HASHEM; it is wondrous in our eyes. This is the day HASHEM has made; let us rejoice and be glad on it. This is the day HASHEM has made; let us rejoice and be glad on it.

If three or more people (including women and children)
are present, the following is recited responsively.

אָנָּא Please, HASHEM, save now! Please, HASHEM, save now!
Please, HASHEM, bring success now!
Please, HASHEM, bring success now!

בָּרוּךְ Blessed is he who comes in the Name of HASHEM; we bless you from the House of HASHEM. Blessed is he

הַבָּא בְּשֵׁם יהוה, בֵּרַכְנוּכֶם מִבֵּית יהוה. אֵל יהוה וַיָּאֶר
לָנוּ, אִסְרוּ חַג בַּעֲבֹתִים, עַד קַרְנוֹת הַמִּזְבֵּחַ. אֵל יהוה
וַיָּאֶר לָנוּ, אִסְרוּ חַג בַּעֲבֹתִים, עַד קַרְנוֹת הַמִּזְבֵּחַ. אֵלִי
אַתָּה וְאוֹדֶךָּ, אֱלֹהַי אֲרוֹמְמֶךָּ. אֵלִי אַתָּה וְאוֹדֶךָּ, אֱלֹהַי
אֲרוֹמְמֶךָּ. הוֹדוּ לַיהוה כִּי טוֹב, כִּי לְעוֹלָם חַסְדּוֹ. הוֹדוּ
לַיהוה כִּי טוֹב, כִּי לְעוֹלָם חַסְדּוֹ.

יְהַלְלוּךָ יהוה אֱלֹהֵינוּ כָּל מַעֲשֶׂיךָ, וַחֲסִידֶיךָ
צַדִּיקִים עוֹשֵׂי רְצוֹנֶךָ, וְכָל עַמְּךָ בֵּית
יִשְׂרָאֵל בְּרִנָּה יוֹדוּ וִיבָרְכוּ וִישַׁבְּחוּ וִיפָאֲרוּ וִירוֹמְמוּ
וְיַעֲרִיצוּ וְיַקְדִּישׁוּ וְיַמְלִיכוּ אֶת שִׁמְךָ מַלְכֵּנוּ, כִּי לְךָ
טוֹב לְהוֹדוֹת וּלְשִׁמְךָ נָאֶה לְזַמֵּר, כִּי מֵעוֹלָם וְעַד עוֹלָם
אַתָּה אֵל.

הוֹדוּ לַיהוה כִּי טוֹב	כִּי לְעוֹלָם חַסְדּוֹ.
הוֹדוּ לֵאלֹהֵי הָאֱלֹהִים	כִּי לְעוֹלָם חַסְדּוֹ.
הוֹדוּ לַאֲדֹנֵי הָאֲדֹנִים	כִּי לְעוֹלָם חַסְדּוֹ.
לְעֹשֵׂה נִפְלָאוֹת גְּדֹלוֹת לְבַדּוֹ	כִּי לְעוֹלָם חַסְדּוֹ.
לְעֹשֵׂה הַשָּׁמַיִם בִּתְבוּנָה	כִּי לְעוֹלָם חַסְדּוֹ.
לְרֹקַע הָאָרֶץ עַל הַמָּיִם	כִּי לְעוֹלָם חַסְדּוֹ.
לְעֹשֵׂה אוֹרִים גְּדֹלִים	כִּי לְעוֹלָם חַסְדּוֹ.
אֶת הַשֶּׁמֶשׁ לְמֶמְשֶׁלֶת בַּיּוֹם	כִּי לְעוֹלָם חַסְדּוֹ.
אֶת הַיָּרֵחַ וְכוֹכָבִים לְמֶמְשְׁלוֹת בַּלָּיְלָה	
	כִּי לְעוֹלָם חַסְדּוֹ.
לְמַכֵּה מִצְרַיִם בִּבְכוֹרֵיהֶם	כִּי לְעוֹלָם חַסְדּוֹ.
וַיּוֹצֵא יִשְׂרָאֵל מִתּוֹכָם	כִּי לְעוֹלָם חַסְדּוֹ.

who comes in the Name of HASHEM; we bless you from the House of HASHEM. HASHEM is God, He illuminated for us; bind the festival offering with cords until the corners of the Altar. HASHEM is God, He illuminated for us; bind the festival offering with cords until the corners of the Altar. You are my God, and I will thank You; my God, I will exalt You. You are my God, and I will thank You; my God, I will exalt You. Give thanks to HASHEM, for He is good; His kindness endures forever. Give thanks to HASHEM, for He is good; His kindness endures forever.

יְהַלְלוּךָ All Your works shall praise You, HASHEM our God. And Your devout ones, the righteous, who do Your will, and Your entire people, the House of Israel, with glad song will thank, bless, praise, glorify, exalt, extol, sanctify, and proclaim the sovereignty of Your Name, our King. For to You it is fitting to give thanks, and unto Your Name it is proper to sing praises, for from This World to the World-to-Come You are God.

הוֹדוּ Give thanks to HASHEM for He is good,
for His kindness endures forever.
Give thanks to the God of the heavenly powers,
for His kindness endures forever.
Give thanks to the Lord of the lords,
for His kindness endures forever.
To Him Who alone performs great wonders,
for His kindness endures forever.
To Him Who made the heavens with understanding,
for His kindness endures forever.
To Him Who spread out the earth upon the waters,
for His kindness endures forever.
To Him Who made great lights,
for His kindness endures forever.
The sun for the reign of the day,
for His kindness endures forever.
The moon and the stars for the reign of the night,
for His kindness endures forever.
To Him Who smote Egypt through their firstborn,
for His kindness endures forever.
And brought Israel forth from their midst,
for His kindness endures forever.

בְּיָד חֲזָקָה וּבִזְרוֹעַ נְטוּיָה כִּי לְעוֹלָם חַסְדּוֹ.
לְגֹזֵר יַם סוּף לִגְזָרִים כִּי לְעוֹלָם חַסְדּוֹ.
וְהֶעֱבִיר יִשְׂרָאֵל בְּתוֹכוֹ כִּי לְעוֹלָם חַסְדּוֹ.
וְנִעֵר פַּרְעֹה וְחֵילוֹ בְיַם סוּף כִּי לְעוֹלָם חַסְדּוֹ.
לְמוֹלִיךְ עַמּוֹ בַּמִּדְבָּר כִּי לְעוֹלָם חַסְדּוֹ.
לְמַכֵּה מְלָכִים גְּדֹלִים כִּי לְעוֹלָם חַסְדּוֹ.
וַיַּהֲרֹג מְלָכִים אַדִּירִים כִּי לְעוֹלָם חַסְדּוֹ.
לְסִיחוֹן מֶלֶךְ הָאֱמֹרִי כִּי לְעוֹלָם חַסְדּוֹ.
וּלְעוֹג מֶלֶךְ הַבָּשָׁן כִּי לְעוֹלָם חַסְדּוֹ.
וְנָתַן אַרְצָם לְנַחֲלָה כִּי לְעוֹלָם חַסְדּוֹ.
נַחֲלָה לְיִשְׂרָאֵל עַבְדּוֹ כִּי לְעוֹלָם חַסְדּוֹ.
שֶׁבְּשִׁפְלֵנוּ זָכַר לָנוּ כִּי לְעוֹלָם חַסְדּוֹ.
וַיִּפְרְקֵנוּ מִצָּרֵינוּ כִּי לְעוֹלָם חַסְדּוֹ.
נֹתֵן לֶחֶם לְכָל בָּשָׂר כִּי לְעוֹלָם חַסְדּוֹ.
הוֹדוּ לְאֵל הַשָּׁמָיִם כִּי לְעוֹלָם חַסְדּוֹ.

נִשְׁמַת כָּל חַי תְּבָרֵךְ אֶת שִׁמְךָ יהוה אֱלֹהֵינוּ וְרוּחַ כָּל בָּשָׂר תְּפָאֵר וּתְרוֹמֵם זִכְרְךָ מַלְכֵּנוּ תָּמִיד. מִן הָעוֹלָם וְעַד הָעוֹלָם אַתָּה אֵל וּמִבַּלְעָדֶיךָ אֵין לָנוּ מֶלֶךְ גּוֹאֵל וּמוֹשִׁיעַ פּוֹדֶה וּמַצִּיל וּמְפַרְנֵס וּמְרַחֵם בְּכָל עֵת צָרָה וְצוּקָה. אֵין לָנוּ מֶלֶךְ אֶלָּא אָתָּה. אֱלֹהֵי הָרִאשׁוֹנִים וְהָאַחֲרוֹנִים אֱלוֹהַּ כָּל בְּרִיּוֹת אֲדוֹן כָּל תּוֹלָדוֹת הַמְּהֻלָּל בְּרֹב הַתִּשְׁבָּחוֹת הַמְנַהֵג עוֹלָמוֹ בְּחֶסֶד וּבְרִיּוֹתָיו בְּרַחֲמִים וַיהוה לֹא יָנוּם וְלֹא יִישָׁן הַמְעוֹרֵר יְשֵׁנִים וְהַמֵּקִיץ נִרְדָּמִים וְהַמֵּשִׂיחַ אִלְּמִים וְהַמַּתִּיר

With strong hand and outstretched arm,

> for His kindness endures forever.

To Him Who divided the Sea of Reeds into parts,

> for His kindness endures forever.

And caused Israel to pass through it,

> for His kindness endures forever.

And threw Pharaoh and his army into the Sea of Reeds,

> for His kindness endures forever.

To Him Who led His people through the wilderness,

> for His kindness endures forever.

To Him Who smote great kings,

> for His kindness endures forever.

And slew mighty kings,   for His kindness endures forever.

Sichon, king of the Emorites, for His kindness endures forever.
And Og, king of Bashan,   for His kindness endures forever.
And presented their land as a heritage,

> for His kindness endures forever.

A heritage for Israel, His servant,

> for His kindness endures forever.

In our lowliness He remembered us,

> for His kindness endures forever.

And released us from our tormentors,

> for His kindness endures forever.

He gives nourishment to all flesh,

> for His kindness endures forever.

Give thanks to God of the heavens,

> for His kindness endures forever.

נִשְׁמַת The soul of every living being shall bless Your Name, HASHEM our God; the spirit of all flesh shall always glorify and exalt Your remembrance, our King. From This World to the World-to-Come, You are God, and other than You we have no king, redeemer or savior. Liberator, Rescuer, Sustainer and Merciful One in every time of distress and anguish, we have no king but You! — God of the first and of the last, God of all creatures, Master of all generations, Who is extolled through a multitude of praises, Who guides His world with kindness and His creatures with mercy. HASHEM neither slumbers nor sleeps. He Who rouses the sleepers and awakens the slumberers, Who makes the mute speak and releases

אֲסוּרִים וְהַסּוֹמֵךְ נוֹפְלִים וְהַזּוֹקֵף כְּפוּפִים לְךָ לְבַדְּךָ אֲנַחְנוּ מוֹדִים. אִלּוּ פִינוּ מָלֵא שִׁירָה כַּיָּם וּלְשׁוֹנֵנוּ רִנָּה כַּהֲמוֹן גַּלָּיו וְשִׂפְתוֹתֵינוּ שֶׁבַח כְּמֶרְחֲבֵי רָקִיעַ וְעֵינֵינוּ מְאִירוֹת כַּשֶּׁמֶשׁ וְכַיָּרֵחַ וְיָדֵינוּ פְרוּשׂוֹת כְּנִשְׁרֵי שָׁמָיִם וְרַגְלֵינוּ קַלּוֹת כָּאַיָּלוֹת אֵין אֲנַחְנוּ מַסְפִּיקִים לְהוֹדוֹת לְךָ יהוה אֱלֹהֵינוּ וֵאלֹהֵי אֲבוֹתֵינוּ וּלְבָרֵךְ אֶת שְׁמֶךָ עַל אַחַת מֵאָלֶף אֶלֶף אַלְפֵי אֲלָפִים וְרִבֵּי רְבָבוֹת פְּעָמִים הַטּוֹבוֹת שֶׁעָשִׂיתָ עִם אֲבוֹתֵינוּ וְעִמָּנוּ. מִמִּצְרַיִם גְּאַלְתָּנוּ יהוה אֱלֹהֵינוּ וּמִבֵּית עֲבָדִים פְּדִיתָנוּ בְּרָעָב זַנְתָּנוּ וּבְשָׂבָע כִּלְכַּלְתָּנוּ מֵחֶרֶב הִצַּלְתָּנוּ וּמִדֶּבֶר מִלַּטְתָּנוּ וּמֵחֳלָיִם רָעִים וְנֶאֱמָנִים דִּלִּיתָנוּ. עַד הֵנָּה עֲזָרוּנוּ רַחֲמֶיךָ וְלֹא עֲזָבוּנוּ חֲסָדֶיךָ וְאַל תִּטְּשֵׁנוּ יהוה אֱלֹהֵינוּ לָנֶצַח. עַל כֵּן אֵבָרִים שֶׁפִּלַּגְתָּ בָּנוּ וְרוּחַ וּנְשָׁמָה שֶׁנָּפַחְתָּ בְּאַפֵּינוּ וְלָשׁוֹן אֲשֶׁר שַׂמְתָּ בְּפִינוּ הֵן הֵם יוֹדוּ וִיבָרְכוּ וִישַׁבְּחוּ וִיפָאֲרוּ וִירוֹמְמוּ וְיַעֲרִיצוּ וְיַקְדִּישׁוּ וְיַמְלִיכוּ אֶת שִׁמְךָ מַלְכֵּנוּ. כִּי כָל פֶּה לְךָ יוֹדֶה וְכָל לָשׁוֹן לְךָ תִשָּׁבַע וְכָל בֶּרֶךְ לְךָ תִכְרַע וְכָל קוֹמָה לְפָנֶיךָ תִשְׁתַּחֲוֶה וְכָל לְבָבוֹת יִירָאוּךָ וְכָל קֶרֶב וּכְלָיוֹת יְזַמְּרוּ לִשְׁמֶךָ. כַּדָּבָר שֶׁכָּתוּב כָּל עַצְמוֹתַי תֹּאמַרְנָה יהוה מִי כָמוֹךָ מַצִּיל עָנִי מֵחָזָק מִמֶּנּוּ וְעָנִי וְאֶבְיוֹן מִגֹּזְלוֹ. מִי יִדְמֶה לָּךְ וּמִי יִשְׁוֶה לָּךְ וּמִי יַעֲרָךְ לָךְ הָאֵל הַגָּדוֹל הַגִּבּוֹר וְהַנּוֹרָא אֵל עֶלְיוֹן קֹנֵה שָׁמַיִם וָאָרֶץ. נְהַלֶּלְךָ וּנְשַׁבֵּחֲךָ וּנְפָאֶרְךָ וּנְבָרֵךְ אֶת שֵׁם קָדְשֶׁךָ כָּאָמוּר לְדָוִד בָּרְכִי נַפְשִׁי אֶת יהוה וְכָל קְרָבַי אֶת שֵׁם קָדְשׁוֹ:

הָאֵל בְּתַעֲצֻמוֹת עֻזֶּךָ הַגָּדוֹל בִּכְבוֹד שְׁמֶךָ הַגִּבּוֹר לָנֶצַח וְהַנּוֹרָא בְּנוֹרְאוֹתֶיךָ הַמֶּלֶךְ הַיּוֹשֵׁב עַל כִּסֵּא רָם וְנִשָּׂא:

the bound; Who supports the fallen and straightens the bent. To You alone we give thanks. Were our mouth as full of song as the sea, and our tongue as full of joyous song as its multitude of waves, and our lips as full of praise as the breadth of the heavens, and our eyes as brilliant as the sun and the moon, and our hands as outspread as eagles of the sky and our feet as swift as hinds — we still could not thank You sufficiently, HASHEM our God and God of our forefathers, and to bless Your Name for even one of the thousand thousand, thousands of thousands and myriad myriads of favors that You performed for our ancestors and for us. You redeemed us from Egypt, HASHEM our God, and liberated us from the house of bondage. In famine You nourished us and in plenty You sustained us. From sword You saved us; from plague You let us escape; and from severe and enduring diseases You spared us. Until now Your mercy has helped us, and Your kindness has not forsaken us. Do not abandon us, HASHEM our God, forever. Therefore, the organs that You set within us, and the spirit and soul that You breathed into our nostrils, and the tongue that You placed in our mouth — all of them shall thank and bless, praise and glorify, exalt and revere, sanctify and declare the sovereignty of Your Name, our King. For every mouth shall offer thanks to You; every tongue shall vow allegiance to You; every knee shall bend to You; every erect spine shall prostrate itself before You; all hearts shall fear You, and all innermost feelings and thoughts shall sing praises to Your name, as it is written: "All my bones shall say: 'HASHEM, who is like You?' You save the poor man from one stronger than he, the poor and destitute from one who would rob him." Who is like unto You? Who is equal to You? Who can be compared to You? O great, mighty, and awesome God, the supreme God, Creator of heaven and earth. We shall laud, praise, and glorify You and bless Your holy Name, as it is said 'Of David: Bless HASHEM, O my soul, and let all my innermost being bless His holy Name!'

הָאֵל O God, in the omnipotence of Your strength, great in the glory of Your Name, mighty forever and awesome through Your awesome deeds, O King enthroned upon a high and lofty throne!

שׁוֹכֵן עַד מָרוֹם וְקָדוֹשׁ שְׁמוֹ. וְכָתוּב רַנְּנוּ צַדִּיקִים בַּיהוה לַיְשָׁרִים נָאוָה תְהִלָּה: בְּפִי יְשָׁרִים תִּתְהַלָּל וּבְדִבְרֵי צַדִּיקִים תִּתְבָּרַךְ וּבִלְשׁוֹן חֲסִידִים תִּתְרוֹמָם וּבְקֶרֶב קְדוֹשִׁים תִּתְקַדָּשׁ:

וּבְמַקְהֲלוֹת רִבְבוֹת עַמְּךָ בֵּית יִשְׂרָאֵל בְּרִנָּה יִתְפָּאַר שִׁמְךָ מַלְכֵּנוּ בְּכָל דּוֹר וָדוֹר שֶׁכֵּן חוֹבַת כָּל הַיְצוּרִים לְפָנֶיךָ יהוה אֱלֹהֵינוּ וֵאלֹהֵי אֲבוֹתֵינוּ לְהוֹדוֹת לְהַלֵּל לְשַׁבֵּחַ לְפָאֵר לְרוֹמֵם לְהַדֵּר לְבָרֵךְ לְעַלֵּה וּלְקַלֵּס עַל כָּל דִּבְרֵי שִׁירוֹת וְתִשְׁבְּחוֹת דָּוִד בֶּן יִשַׁי עַבְדְּךָ מְשִׁיחֶךָ:

יִשְׁתַּבַּח שִׁמְךָ לָעַד מַלְכֵּנוּ הָאֵל הַמֶּלֶךְ הַגָּדוֹל וְהַקָּדוֹשׁ בַּשָּׁמַיִם וּבָאָרֶץ כִּי לְךָ נָאֶה יהוה אֱלֹהֵינוּ וֵאלֹהֵי אֲבוֹתֵינוּ שִׁיר וּשְׁבָחָה הַלֵּל וְזִמְרָה עֹז וּמֶמְשָׁלָה נֶצַח גְּדֻלָּה וּגְבוּרָה תְּהִלָּה וְתִפְאֶרֶת קְדֻשָּׁה וּמַלְכוּת בְּרָכוֹת וְהוֹדָאוֹת מֵעַתָּה וְעַד עוֹלָם: בָּרוּךְ אַתָּה יהוה אֵל מֶלֶךְ גָּדוֹל בַּתִּשְׁבָּחוֹת אֵל הַהוֹדָאוֹת אֲדוֹן הַנִּפְלָאוֹת הַבּוֹחֵר בְּשִׁירֵי זִמְרָה מֶלֶךְ אֵל חֵי הָעוֹלָמִים.

The blessing over wine is recited and the fourth cup is drunk before midnight. while reclining to the left side. It is preferable that the entire cup be drunk.

בָּרוּךְ אַתָּה יהוה אֱלֹהֵינוּ מֶלֶךְ הָעוֹלָם בּוֹרֵא פְּרִי הַגָּפֶן:

After drinking the fourth cup, the concluding blessing is recited providing one drank a *revi'is.* On Shabbos include the passage in brackets.

בָּרוּךְ אַתָּה יהוה אֱלֹהֵינוּ מֶלֶךְ הָעוֹלָם עַל הַגֶּפֶן וְעַל פְּרִי הַגֶּפֶן וְעַל תְּנוּבַת הַשָּׂדֶה וְעַל אֶרֶץ חֶמְדָּה טוֹבָה וּרְחָבָה שֶׁרָצִיתָ וְהִנְחַלְתָּ לַאֲבוֹתֵינוּ לֶאֱכוֹל מִפִּרְיָהּ וְלִשְׂבּוֹעַ מִטּוּבָהּ. רַחֵם נָא יהוה אֱלֹהֵינוּ עַל יִשְׂרָאֵל עַמֶּךָ

שׁוֹכֵן עַד He Who abides forever, exalted and holy is His Name. And it is written: 'Sing joyfully, O righteous, before HASHEM; for the upright, praise is fitting.' By the mouth of the upright shall You be lauded; by the words of the righteous shall You be blessed; by the tongue of the devout shall You be exalted; and amid the holy shall You be sanctified.

וּבְמַקְהֲלוֹת And in the assemblies of the myriads of Your people, the House of Israel, with joyous song shall Your Name be glorified, our King, throughout every generation. For such is the duty of all creatures — before You, HASHEM, our God, God of our forefathers, to thank, laud, praise, glorify, exalt, adore, bless, raise high, and sing praises — even beyond all expressions of the songs and praises of David the son of Yishai, Your servant, Your anointed.

יִשְׁתַּבַּח May Your Name be praised forever — our King, the God, the great and holy King — in heaven and on earth. Because for You is fitting — O HASHEM, our God, and the God of our forefathers — song and praise, lauding and hymns, power and dominion, triumph, greatness and strength, praise and splendor, holiness and sovereignty, blessings and thanksgivings from this time and forever. Blessed are You, HASHEM, God, King exalted through praises, God of thanksgivings, Master of wonders, Who chooses musical songs of praise — King, God, Life-giver of the world.

The blessing over wine is recited and the fourth cup is drunk before midnight. while reclining to the left side. It is preferable that the entire cup be drunk.

בָּרוּךְ Blessed are You, HASHEM, our God, King of the universe, Who creates the fruit of the vine.

After drinking the fourth cup, the concluding blessing is recited providing one drank a revi'is. On Shabbos include the passage in brackets.

בָּרוּךְ Blessed are You, HASHEM, our God, King of the universe, for the avine and the fruit of the vine, and for the produce of the field. For the desirable, good, and spacious land that You were pleased to give our forefathers as a heritage, to eat of its fruit and to be satisfied with its goodness. Have mercy, we beg You, HASHEM, our God, on Israel Your people;

וְעַל יְרוּשָׁלַיִם עִירֶךָ וְעַל צִיּוֹן מִשְׁכַּן כְּבוֹדֶךָ וְעַל מִזְבְּחֶךָ וְעַל הֵיכָלֶךָ. וּבְנֵה יְרוּשָׁלַיִם עִיר הַקֹּדֶשׁ בִּמְהֵרָה בְיָמֵינוּ וְהַעֲלֵנוּ לְתוֹכָהּ וְשַׂמְּחֵנוּ בְּבִנְיָנָהּ וְנֹאכַל מִפִּרְיָהּ וְנִשְׂבַּע מִטּוּבָהּ וּנְבָרֶכְךָ עָלֶיהָ בִּקְדֻשָּׁה וּבְטָהֳרָה. [וּרְצֵה וְהַחֲלִיצֵנוּ בְּיוֹם הַשַּׁבָּת הַזֶּה] וְשַׂמְּחֵנוּ בְּיוֹם חַג הַמַּצּוֹת הַזֶּה. כִּי אַתָּה יהוה טוֹב וּמֵטִיב לַכֹּל וְנוֹדֶה לְּךָ עַל הָאָרֶץ וְעַל פְּרִי הַגָּפֶן: בָּרוּךְ אַתָּה יהוה עַל הָאָרֶץ וְעַל פְּרִי הַגָּפֶן:

נרצה

חֲסַל סִדּוּר פֶּסַח כְּהִלְכָתוֹ. כְּכָל מִשְׁפָּטוֹ וְחֻקָּתוֹ. כַּאֲשֶׁר זָכִינוּ לְסַדֵּר אוֹתוֹ. כֵּן נִזְכֶּה לַעֲשׂוֹתוֹ: זָךְ שׁוֹכֵן מְעוֹנָה. קוֹמֵם קְהַל עֲדַת מִי מָנָה. בְּקָרוֹב נַהֵל נִטְעֵי כַנָּה. פְּדוּיִם לְצִיּוֹן בְּרִנָּה:

לְשָׁנָה הַבָּאָה בִּירוּשָׁלָיִם:

The following *piyutim* should be recited on both nights.

וּבְכֵן וַיְהִי בַּחֲצִי הַלַּיְלָה:

אָז רוֹב נִסִּים הִפְלֵאתָ בַּלַּיְלָה.
בְּרֹאשׁ אַשְׁמוֹרֶת זֶה הַלַּיְלָה.
גֵּר צֶדֶק נִצַּחְתּוֹ כְּנֶחֱלַק לוֹ לַיְלָה.
וַיְהִי בַּחֲצִי הַלַּיְלָה.

דַּנְתָּ מֶלֶךְ גְּרָר בַּחֲלוֹם הַלַּיְלָה.
הִפְחַדְתָּ אֲרַמִּי בְּאֶמֶשׁ לַיְלָה.
וַיָּשַׂר יִשְׂרָאֵל לְמַלְאָךְ וַיּוּכַל לוֹ לַיְלָה.
וַיְהִי בַּחֲצִי הַלַּיְלָה.

זֶרַע בְּכוֹרֵי פַתְרוֹס מָחַצְתָּ בַּחֲצִי הַלַּיְלָה.
חֵילָם לֹא מָצְאוּ בְּקוּמָם בַּלַּיְלָה.
טִיסַת נְגִיד חֲרוֹשֶׁת סִלִּיתָ בְכוֹכְבֵי לַיְלָה.
וַיְהִי בַּחֲצִי הַלַּיְלָה.

on Jerusalem, Your city; on Zion, resting place of Your glory; Your Altar, and Your Temple. Rebuild Jerusalem the city of holiness, speedily in our days. Bring us up into it and gladden us in its rebuilding and let us eat from its fruit and be satisfied with its goodness and bless You upon it in holiness and purity. [Favor us and strengthen us on this Shabbos day] and grant us happiness on this Festival of Matzos; for You, HASHEM, are good and do good to all, and we thank You for the land and for the fruit of the vine. Blessed are You, HASHEM, for the land and for the fruit of the vine.

NIRTZAH

חֲסַל The Seder is now concluded in accordance with its laws, with all its ordinances and statutes. Just as we were privileged to arrange it, so may we merit to perform it. O Pure One, Who dwells on high, raise up the countless congregation, soon — guide the offshoots of Your plants, redeemed, to Zion with glad song.

NEXT YEAR IN JERUSALEM

The following *piyutim* should be recited on both nights.

It came to pass at midnight.

You have, of old, performed many wonders   **by night.**
At the head of the watches of   **this night.**
To the righteous convert (Avraham),
    You gave triumph by dividing for him   **the night.**
              It came to pass at midnight.
You judged the king of Gerar (Avimelech), in a dream   **by night.**
You frightened the Aramean (Lavan), in the dark   **of night.**
Israel (Yaakov) fought with an angel and overcame him **by night.**
              It came to pass at midnight.
Egypt's first-born You crushed   **at midnight.**
Their host they found not upon arising   **at night.**
The army of the prince of Charoshes (Sisera)
    You swept away with stars of   **the night.**
              It came to pass at midnight.

יָעַץ מְחָרֵף לְנוֹפֵף אִוּי הוֹבַשְׁתָּ פְגָרָיו בַּלַּיְלָה.
כָּרַע בֵּל וּמַצָּבוֹ בְּאִישׁוֹן לַיְלָה.
לְאִישׁ חֲמוּדוֹת נִגְלָה רָז חֲזוֹת לַיְלָה.
וַיְהִי בַּחֲצִי הַלַּיְלָה.
מִשְׁתַּכֵּר בִּכְלֵי קֹדֶשׁ נֶהֱרַג בּוֹ בַּלַּיְלָה.
נוֹשַׁע מִבּוֹר אֲרָיוֹת פּוֹתֵר בִּעֲתוּתֵי לַיְלָה.
שִׂנְאָה נָטַר אֲגָגִי וְכָתַב סְפָרִים בַּלַּיְלָה.
וַיְהִי בַּחֲצִי הַלַּיְלָה.
עוֹרַרְתָּ נִצְחֲךָ עָלָיו בְּנֶדֶד שְׁנַת לַיְלָה.
פּוּרָה תִדְרוֹךְ לְשֹׁמֵר מַה מִּלַּיְלָה.
צָרַח כַּשּׁוֹמֵר וְשָׂח אָתָא בֹקֶר וְגַם לַיְלָה.
וַיְהִי בַּחֲצִי הַלַּיְלָה.
קָרֵב יוֹם אֲשֶׁר הוּא לֹא יוֹם וְלֹא לַיְלָה.
רָם הוֹדַע כִּי לְךָ הַיּוֹם אַף לְךָ הַלַּיְלָה.
שׁוֹמְרִים הַפְקֵד לְעִירְךָ כָּל הַיּוֹם וְכָל הַלַּיְלָה.
תָּאִיר כְּאוֹר יוֹם חֶשְׁכַּת לַיְלָה.
וַיְהִי בַּחֲצִי הַלַּיְלָה.

וּבְכֵן וַאֲמַרְתֶּם זֶבַח פֶּסַח:

אֹמֶץ גְּבוּרוֹתֶיךָ הִפְלֵאתָ בַּפֶּסַח.
בְּרֹאשׁ כָּל מוֹעֲדוֹת נִשֵּׂאתָ פֶּסַח.
גִּלִּיתָ לְאֶזְרָחִי חֲצוֹת לֵיל פֶּסַח.
וַאֲמַרְתֶּם זֶבַח פֶּסַח.
דְּלָתָיו דָּפַקְתָּ כְּחֹם הַיּוֹם בַּפֶּסַח.
הִסְעִיד נוֹצְצִים עֻגוֹת מַצּוֹת בַּפֶּסַח.
וְאֶל הַבָּקָר רָץ זֵכֶר לְשׁוֹר עֵרֶךְ פֶּסַח.
וַאֲמַרְתֶּם זֶבַח פֶּסַח.

The blasphemer (Sennacherib) planned to raise his hand against
  Jerusalem — but You withered his corpses   by night.
Bel was overturned with its pedestal, in the darkness of night.
To the man of Your delights (Daniel)
    was revealed the mystery of the visions   of night.
         It came to pass at midnight.
He (Belshazzar) who caroused from the holy vessels
  was killed that very   night.
From the lion's den was rescued he (Daniel)
  who interpreted the 'terrors' of   the night.
The Aggagite (Haman) nursed hatred and wrote decrees at
night.
         It came to pass at midnight.
You began Your triumph over him when You disturbed
  (Ahaseurus') sleep   at night.
Trample the wine-press to help those who ask the
  watchman, 'What of the long   night?'
He will shout, like a watchman, and say:
  'Morning shall come   after night.'
         It came to pass at midnight.
Hasten the day (of Messiah), that is neither day nor night.
Most High — make known that Yours are day and   night.
Appoint guards for Your city, all the day and all the night.
Brighten like the light of day the darkness of   night.
         It came to pass at midnight.

And you shall say: This is the feast of Passover.

You displayed wondrously Your mighty powers on Passover.
Above all festivals You elevated   Passover.
To the Oriental (Avraham) You revealed
  the future midnight   of Passover.
    And you shall say: This is the feast of Passover.
At his door You knocked in the heat of the day on Passover;
He satiated the angels with matzah-cakes   on Passover.
And he ran to the herd — symbolic of the sacrificial beast
         of Passover.
    And you shall say: This is the feast of Passover.

זוֹעֲמוּ סְדוֹמִים וְלוֹהֲטוּ בָּאֵשׁ בַּפֶּסַח.
חֻלַּץ לוֹט מֵהֶם וּמַצּוֹת אָפָה בְּקֵץ פֶּסַח.
טִאטֵאתָ אַדְמַת מוֹף וְנוֹף בְּעָבְרְךָ בַּפֶּסַח.
וַאֲמַרְתֶּם זֶבַח פֶּסַח.

יָהּ רֹאשׁ כָּל אוֹן מָחַצְתָּ בְּלֵיל שִׁמּוּר פֶּסַח.
כַּבִּיר עַל בֵּן בְּכוֹר פָּסַחְתָּ בְּדַם פֶּסַח.
לְבִלְתִּי תֵּת מַשְׁחִית לָבֹא בִּפְתָחַי בַּפֶּסַח.
וַאֲמַרְתֶּם זֶבַח פֶּסַח.

מְסֻגֶּרֶת סֻגָּרָה בְּעִתּוֹתֵי פֶּסַח.
נִשְׁמְדָה מִדְיָן בִּצְלִיל שְׂעוֹרֵי עֹמֶר פֶּסַח.
שׂוֹרְפוּ מִשְׁמַנֵּי פּוּל וְלוּד בִּיקַד יְקוֹד פֶּסַח.
וַאֲמַרְתֶּם זֶבַח פֶּסַח.

עוֹד הַיּוֹם בְּנֹב לַעֲמוֹד עַד גָּעָה עוֹנַת פֶּסַח.
פַּס יַד כָּתְבָה לְקַעֲקֵעַ צוּל בַּפֶּסַח.
צָפֹה הַצָּפִית עָרוֹךְ הַשֻּׁלְחָן בַּפֶּסַח.
וַאֲמַרְתֶּם זֶבַח פֶּסַח.

קָהָל כִּנְּסָה הֲדַסָּה צוֹם לְשַׁלֵּשׁ בַּפֶּסַח.
רֹאשׁ מִבֵּית רָשָׁע מָחַצְתָּ בְּעֵץ חֲמִשִּׁים בַּפֶּסַח.
שְׁתֵּי אֵלֶּה רֶגַע תָּבִיא לְעוּצִית בַּפֶּסַח.
תָּעֹז יָדְךָ וְתָרוּם יְמִינְךָ כְּלֵיל הִתְקַדֵּשׁ חַג פֶּסַח.
וַאֲמַרְתֶּם זֶבַח פֶּסַח.

כִּי לוֹ נָאֶה, כִּי לוֹ יָאֶה:

אַדִּיר בִּמְלוּכָה, בָּחוּר כַּהֲלָכָה, גְּדוּדָיו יֹאמְרוּ לוֹ, לְךָ וּלְךָ, לְךָ כִּי לְךָ, לְךָ אַף לְךָ, לְךָ יהוה הַמַּמְלָכָה, כִּי לוֹ נָאֶה, כִּי לוֹ יָאֶה.

The Sodomites provoked (God) and were devoured by fire
                                                on Passover;
Lot was withdrawn from them — he had baked
    matzos at the time   of Passover.
You swept clean the soil of Moph and Noph (in
    Egypt) when You passed through   on Passover.
            And you shall say: This is the feast of Passover.
God, You crushed every firstborn of On (in Egypt)
    on the watchful night   of Passover.
But Master — Your own firstborn, You skipped
    by merit of the blood   of Passover,
Not to allow the Destroyer to enter my doors   on Passover.
            And you shall say: This is the feast of Passover.
The beleaguered (Jericho) was besieged   on Passover.
Midian was destroyed with a barley cake,
    from the Omer   of Passover.
The mighty nobles of Pul and Lud (Assyria) were
    consumed in a great conflagration   on Passover.
            And you shall say: This is the feast of Passover.
He (Sennacherib) would have stood that day at Nob,
    but for the advent   of Passover.
A hand inscribed the destruction of Zul (Babylon) on Passover.
As the watch was set, and the royal table decked on Passover.
            And you shall say: This is the feast of Passover.
Hadassah (Esther) gathered a congregation
    for a three-day fast   on Passover.
You caused the head of the evil clan (Haman) to be
    hanged on a fifty-cubit gallows   on Passover.
Doubly, will You bring in an instant
    upon Utsis (Edom)   on Passover.
Let Your hand be strong, and Your right arm exalted, as on
        that night when You hallowed the festival   of Passover.
            And you shall say: This is the feast of Passover.

To Him praise is due! To Him praise is fitting!

Powerful in kingship, perfectly distinguished, His companies
of angels say to Him: Yours and only Yours; Yours, yes Yours;
Yours, surely Yours; Yours, HASHEM, is the sovereignty. To Him
praise is due! To Him praise is fitting!

דָּגוּל בִּמְלוּכָה, הָדוּר כַּהֲלָכָה, וָתִיקָיו יֹאמְרוּ לוֹ, לְךָ וּלְךָ, לְךָ כִּי לְךָ, לְךָ אַף לְךָ, לְךָ יהוה הַמַּמְלָכָה, כִּי לוֹ נָאֶה, כִּי לוֹ יָאֶה.

זַכַּאי בִּמְלוּכָה, חָסִין כַּהֲלָכָה, טַפְסְרָיו יֹאמְרוּ לוֹ, לְךָ וּלְךָ, לְךָ כִּי לְךָ, לְךָ אַף לְךָ, לְךָ יהוה הַמַּמְלָכָה, כִּי לוֹ נָאֶה, כִּי לוֹ יָאֶה.

יָחִיד בִּמְלוּכָה, כַּבִּיר כַּהֲלָכָה, לִמּוּדָיו יֹאמְרוּ לוֹ, לְךָ וּלְךָ, לְךָ כִּי לְךָ, לְךָ אַף לְךָ, לְךָ יהוה הַמַּמְלָכָה, כִּי לוֹ נָאֶה, כִּי לוֹ יָאֶה.

מוֹשֵׁל בִּמְלוּכָה, נוֹרָא כַּהֲלָכָה, סְבִיבָיו יֹאמְרוּ לוֹ, לְךָ וּלְךָ, לְךָ כִּי לְךָ, לְךָ אַף לְךָ, לְךָ יהוה הַמַּמְלָכָה, כִּי לוֹ נָאֶה, כִּי לוֹ יָאֶה.

עָנָיו בִּמְלוּכָה, פּוֹדֶה כַּהֲלָכָה, צַדִּיקָיו יֹאמְרוּ לוֹ, לְךָ וּלְךָ, לְךָ כִּי לְךָ, לְךָ אַף לְךָ, לְךָ יהוה הַמַּמְלָכָה, כִּי לוֹ נָאֶה, כִּי לוֹ יָאֶה.

קָדוֹשׁ בִּמְלוּכָה, רַחוּם כַּהֲלָכָה, שִׁנְאַנָּיו יֹאמְרוּ לוֹ, לְךָ וּלְךָ, לְךָ כִּי לְךָ, לְךָ אַף לְךָ, לְךָ יהוה הַמַּמְלָכָה, כִּי לוֹ נָאֶה, כִּי לוֹ יָאֶה.

תַּקִּיף בִּמְלוּכָה, תּוֹמֵךְ כַּהֲלָכָה, תְּמִימָיו יֹאמְרוּ לוֹ, לְךָ וּלְךָ, לְךָ כִּי לְךָ, לְךָ אַף לְךָ, לְךָ יהוה הַמַּמְלָכָה, כִּי לוֹ נָאֶה, כִּי לוֹ יָאֶה.

אַדִּיר הוּא יִבְנֶה בֵיתוֹ בְּקָרוֹב, בִּמְהֵרָה, בִּמְהֵרָה, בְּיָמֵינוּ בְּקָרוֹב. אֵל בְּנֵה, אֵל בְּנֵה, בְּנֵה בֵיתְךָ בְּקָרוֹב.

בָּחוּר הוּא. גָּדוֹל הוּא. דָּגוּל הוּא. יִבְנֶה בֵיתוֹ בְּקָרוֹב, בִּמְהֵרָה, בִּמְהֵרָה, בְּיָמֵינוּ בְּקָרוֹב. אֵל בְּנֵה, אֵל בְּנֵה, בְּנֵה בֵיתְךָ בְּקָרוֹב.

הָדוּר הוּא. וָתִיק הוּא. זַכַּאי הוּא. חָסִיד הוּא. יִבְנֶה בֵיתוֹ בְּקָרוֹב, בִּמְהֵרָה, בִּמְהֵרָה, בְּיָמֵינוּ בְּקָרוֹב. אֵל בְּנֵה, אֵל בְּנֵה, בְּנֵה בֵיתְךָ בְּקָרוֹב.

Supreme in kingship, perfectly glorious, His faithful say to Him: Yours and only Yours; Yours, yes Yours; Yours, surely Yours; Yours, HASHEM, is the sovereignty. To Him praise is due! To Him praise is fitting!

Pure in kingship, perfectly mighty, His angels say to Him: Yours and only Yours; Yours, yes Yours; Yours, surely Yours; Yours, HASHEM, is the sovereignty. To Him praise is due! To Him praise is fitting!

Alone in kingship, perfectly omnipotent, His scholars say to Him: Yours and only Yours; Yours, yes Yours; Yours, surely Yours; Yours, HASHEM, is the sovereignty. To Him praise is due! To Him praise is fitting!

Commanding in kingship, perfectly wondrous, His surrounding (angels) say to Him: Yours and only Yours; Yours, yes Yours; Yours, surely Yours; Yours, HASHEM, is the sovereignty. To Him praise is due! To Him praise is fitting!

Gentle in kingship, perfectly the Redeemer, His righteous say to Him: Yours and only Yours; Yours, yes Yours; Yours, surely Yours; Yours, HASHEM, is the sovereignty. To Him praise is due! To Him praise is fitting!

Holy in kingship, perfectly merciful, His troops of angels say to Him: Yours and only Yours; Yours, yes Yours; Yours, surely Yours; Yours, HASHEM, is the sovereignty. To Him praise is due! To Him praise is fitting.

Almighty in kingship, perfectly sustaining, His perfect ones say to Him: Yours and only Yours; Yours, yes Yours; Yours, surely Yours; Yours, HASHEM, is the sovereignty. To Him praise is due! To Him praise is fitting!

אַדִּיר הוּא He is most mighty. May He soon rebuild His House, speedily, yes speedily, in our days, soon. God, rebuild, God, rebuild, rebuild Your House soon!

He is distinguished, He is great, He is exalted. May He soon rebuild His House, speedily, yes speedily, in our days, soon. God, rebuild, God, rebuild, rebuild Your House soon!

He is all glorious, He is faithful, He is faultless, He is righteous. May He soon rebuild His House, speedily, yes speedily, in our days, soon. God, rebuild, God, rebuild, rebuild Your House soon!

טָהוֹר הוּא. יָחִיד הוּא. כַּבִּיר הוּא. לָמוּד הוּא. מֶלֶךְ הוּא. נוֹרָא הוּא. סַגִּיב הוּא. עִזּוּז הוּא. פּוֹדֶה הוּא. צַדִּיק הוּא. יִבְנֶה בֵיתוֹ בְּקָרוֹב, בִּמְהֵרָה, בִּמְהֵרָה, בְּיָמֵינוּ בְּקָרוֹב. אֵל בְּנֵה, אֵל בְּנֵה, בְּנֵה בֵיתְךָ בְּקָרוֹב.

קָדוֹשׁ הוּא. רַחוּם הוּא. שַׁדַּי הוּא. תַּקִּיף הוּא. יִבְנֶה בֵיתוֹ בְּקָרוֹב, בִּמְהֵרָה, בִּמְהֵרָה, בְּיָמֵינוּ בְּקָרוֹב. אֵל בְּנֵה, אֵל בְּנֵה, בְּנֵה בֵיתְךָ בְּקָרוֹב.

אֶחָד מִי יוֹדֵעַ? אֶחָד אֲנִי יוֹדֵעַ. אֶחָד אֱלֹהֵינוּ שֶׁבַּשָּׁמַיִם וּבָאָרֶץ.

שְׁנַיִם מִי יוֹדֵעַ? שְׁנַיִם אֲנִי יוֹדֵעַ. שְׁנֵי לֻחוֹת הַבְּרִית, אֶחָד אֱלֹהֵינוּ שֶׁבַּשָּׁמַיִם וּבָאָרֶץ.

שְׁלֹשָׁה מִי יוֹדֵעַ? שְׁלֹשָׁה אֲנִי יוֹדֵעַ. שְׁלֹשָׁה אָבוֹת, שְׁנֵי לֻחוֹת הַבְּרִית, אֶחָד אֱלֹהֵינוּ שֶׁבַּשָּׁמַיִם וּבָאָרֶץ.

אַרְבַּע מִי יוֹדֵעַ? אַרְבַּע אֲנִי יוֹדֵעַ. אַרְבַּע אִמָּהוֹת, שְׁלֹשָׁה אָבוֹת, שְׁנֵי לֻחוֹת הַבְּרִית, אֶחָד אֱלֹהֵינוּ שֶׁבַּשָּׁמַיִם וּבָאָרֶץ.

חֲמִשָּׁה מִי יוֹדֵעַ? חֲמִשָּׁה אֲנִי יוֹדֵעַ. חֲמִשָּׁה חֻמְשֵׁי תוֹרָה, אַרְבַּע אִמָּהוֹת, שְׁלֹשָׁה אָבוֹת, שְׁנֵי לֻחוֹת הַבְּרִית, אֶחָד אֱלֹהֵינוּ שֶׁבַּשָּׁמַיִם וּבָאָרֶץ.

שִׁשָּׁה מִי יוֹדֵעַ? שִׁשָּׁה אֲנִי יוֹדֵעַ. שִׁשָּׁה סִדְרֵי מִשְׁנָה, חֲמִשָּׁה חֻמְשֵׁי תוֹרָה, אַרְבַּע אִמָּהוֹת, שְׁלֹשָׁה אָבוֹת, שְׁנֵי לֻחוֹת הַבְּרִית, אֶחָד אֱלֹהֵינוּ שֶׁבַּשָּׁמַיִם וּבָאָרֶץ.

שִׁבְעָה מִי יוֹדֵעַ? שִׁבְעָה אֲנִי יוֹדֵעַ. שִׁבְעָה יְמֵי שַׁבַּתָּא, שִׁשָּׁה סִדְרֵי מִשְׁנָה, חֲמִשָּׁה חֻמְשֵׁי תוֹרָה, אַרְבַּע אִמָּהוֹת, שְׁלֹשָׁה אָבוֹת, שְׁנֵי לֻחוֹת הַבְּרִית, אֶחָד אֱלֹהֵינוּ שֶׁבַּשָּׁמַיִם וּבָאָרֶץ.

שְׁמוֹנָה מִי יוֹדֵעַ? שְׁמוֹנָה אֲנִי יוֹדֵעַ. שְׁמוֹנָה יְמֵי מִילָה, שִׁבְעָה יְמֵי שַׁבַּתָּא, שִׁשָּׁה סִדְרֵי מִשְׁנָה, חֲמִשָּׁה חֻמְשֵׁי תוֹרָה, אַרְבַּע אִמָּהוֹת, שְׁלֹשָׁה אָבוֹת, שְׁנֵי לֻחוֹת הַבְּרִית, אֶחָד אֱלֹהֵינוּ שֶׁבַּשָּׁמַיִם וּבָאָרֶץ.

He is pure, He is unique, He is powerful, He is all-wise, He is King, He is awesome, He is sublime, He is all-powerful, He is the Redeemer, He is the all-righteous. May He soon rebuild His House, speedily, yes speedily, in our days, soon. God, rebuild, God, rebuild, rebuild Your House soon!

He is holy, He is compassionate, He is Almighty, He is omnipotent. May He soon rebuild His House, speedily, yes speedily, in our days, soon. God, rebuild, God, rebuild, rebuild Your House soon!

אֶחָד מִי יוֹדֵעַ? Who knows one? I know one: One is our God, in heaven and on earth.

Who knows two? I know two: two are the Tablets of the Covenant; One is our God, in heaven and on earth.

Who knows three? I know three: three are the Patriarchs; two are the Tablets of the Covenant; One is our God, in heaven and on earth.

Who knows four? I know four: four are the Matriarchs; three are the Patriarchs; two are the Tablets of the Covenant; One is our God, in heaven and on earth.

Who knows five? I know five: five are the Books of the Torah; four are the Matriarchs; three are the Patriarchs; two are the Tablets of the Covenant; One is our God, in heaven and on earth.

Who knows six? I know six: six are the Orders of the Mishnah; five are the Books of the Torah; four are the Matriarchs; three are the Patriarchs; two are the Tablets of the Covenant; One is our God, in heaven and on earth.

Who knows seven? I know seven: seven are the days of the week; six are the Orders of the Mishnah; five are the Books of the Torah; four are the Matriarchs; three are the Patriarchs; two are the Tablets of the Covenant; One is our God, in heaven and on earth.

Who knows eight? I know eight: eight are the days of circumcision; seven are the days of the week; six are the Orders of the Mishnah; five are the Books of the Torah; four are the Matriarchs; three are the Patriarchs; two are the Tablets of the Covenant; One is our God, in heaven and on earth.

תִּשְׁעָה מִי יוֹדֵעַ? תִּשְׁעָה אֲנִי יוֹדֵעַ. תִּשְׁעָה יַרְחֵי לֵדָה, שְׁמוֹנָה יְמֵי מִילָה, שִׁבְעָה יְמֵי שַׁבַּתָּא, שִׁשָּׁה סִדְרֵי מִשְׁנָה, חֲמִשָּׁה חֻמְשֵׁי תוֹרָה, אַרְבַּע אִמָּהוֹת, שְׁלֹשָׁה אָבוֹת, שְׁנֵי לֻחוֹת הַבְּרִית, אֶחָד אֱלֹהֵינוּ שֶׁבַּשָּׁמַיִם וּבָאָרֶץ.

עֲשָׂרָה מִי יוֹדֵעַ? עֲשָׂרָה אֲנִי יוֹדֵעַ. עֲשָׂרָה דִבְּרַיָּא, תִּשְׁעָה יַרְחֵי לֵדָה, שְׁמוֹנָה יְמֵי מִילָה, שִׁבְעָה יְמֵי שַׁבַּתָּא, שִׁשָּׁה סִדְרֵי מִשְׁנָה, חֲמִשָּׁה חֻמְשֵׁי תוֹרָה, אַרְבַּע אִמָּהוֹת, שְׁלֹשָׁה אָבוֹת, שְׁנֵי לֻחוֹת הַבְּרִית, אֶחָד אֱלֹהֵינוּ שֶׁבַּשָּׁמַיִם וּבָאָרֶץ.

אַחַד עָשָׂר מִי יוֹדֵעַ? אַחַד עָשָׂר אֲנִי יוֹדֵעַ. אַחַד עָשָׂר כּוֹכְבַיָּא, עֲשָׂרָה דִבְּרַיָּא, תִּשְׁעָה יַרְחֵי לֵדָה, שְׁמוֹנָה יְמֵי מִילָה, שִׁבְעָה יְמֵי שַׁבַּתָּא, שִׁשָּׁה סִדְרֵי מִשְׁנָה, חֲמִשָּׁה חֻמְשֵׁי תוֹרָה, אַרְבַּע אִמָּהוֹת, שְׁלֹשָׁה אָבוֹת, שְׁנֵי לֻחוֹת הַבְּרִית, אֶחָד אֱלֹהֵינוּ שֶׁבַּשָּׁמַיִם וּבָאָרֶץ.

שְׁנֵים עָשָׂר מִי יוֹדֵעַ? שְׁנֵים עָשָׂר אֲנִי יוֹדֵעַ. שְׁנֵים עָשָׂר שִׁבְטַיָּא, אַחַד עָשָׂר כּוֹכְבַיָּא, עֲשָׂרָה דִבְּרַיָּא, תִּשְׁעָה יַרְחֵי לֵדָה, שְׁמוֹנָה יְמֵי מִילָה, שִׁבְעָה יְמֵי שַׁבַּתָּא, שִׁשָּׁה סִדְרֵי מִשְׁנָה, חֲמִשָּׁה חֻמְשֵׁי תוֹרָה, אַרְבַּע אִמָּהוֹת, שְׁלֹשָׁה אָבוֹת, שְׁנֵי לֻחוֹת הַבְּרִית, אֶחָד אֱלֹהֵינוּ שֶׁבַּשָּׁמַיִם וּבָאָרֶץ.

שְׁלֹשָׁה עָשָׂר מִי יוֹדֵעַ? שְׁלֹשָׁה עָשָׂר אֲנִי יוֹדֵעַ. שְׁלֹשָׁה עָשָׂר מִדַּיָּא, שְׁנֵים עָשָׂר שִׁבְטַיָּא, אַחַד עָשָׂר כּוֹכְבַיָּא, עֲשָׂרָה דִבְּרַיָּא, תִּשְׁעָה יַרְחֵי לֵדָה, שְׁמוֹנָה יְמֵי מִילָה, שִׁבְעָה יְמֵי שַׁבַּתָּא, שִׁשָּׁה סִדְרֵי מִשְׁנָה, חֲמִשָּׁה חֻמְשֵׁי תוֹרָה, אַרְבַּע אִמָּהוֹת, שְׁלֹשָׁה אָבוֹת, שְׁנֵי לֻחוֹת הַבְּרִית, אֶחָד אֱלֹהֵינוּ שֶׁבַּשָּׁמַיִם וּבָאָרֶץ.

חַד גַּדְיָא, חַד גַּדְיָא, דְּזַבִּין אַבָּא בִּתְרֵי זוּזֵי, חַד גַּדְיָא חַד גַּדְיָא.

וְאָתָא שׁוּנְרָא וְאָכְלָה לְגַדְיָא, דְּזַבִּין אַבָּא בִּתְרֵי זוּזֵי, חַד גַּדְיָא חַד גַּדְיָא.

Who knows nine? I know nine: nine are the months of pregnancy; eight are the days of circumcision; seven are the days of the week; six are the Orders of the Mishnah; five are the Books of the Torah; four are the Matriarchs; three are the Patriarchs; two are the Tablets of the Covenant; One is our God, in heaven and on earth.

Who knows ten? I know ten: ten are the Ten Commandments; nine are the months of pregnancy; eight are the days of circumcision; seven are the days of the week; six are the Orders of the Mishnah; five are the Books of the Torah; four are the Matriarchs; three are the Patriarchs; two are the Tablets of the Covenant; One is our God, in heaven and on earth.

Who knows eleven? I know eleven: eleven are the stars (in Yosef's dream); ten are the Ten Commandments; nine are the months of pregnancy; eight are the days of circumcision; seven are the days of the week; six are the Orders of the Mishnah; five are the Books of the Torah; four are the Matriarchs; three are the Patriarchs; two are the Tablets of the Covenant; One is our God, in heaven and on earth.

Who knows twelve? I know twelve: twelve are the tribes; eleven are the stars (in Yosef's dream); ten are the Ten Commandments; nine are the months of pregnancy; eight are the days of circumcision; seven are the days of the week; six are the Orders of the Mishnah; five are the Books of the Torah; four are the Matriarchs; three are the Patriarchs; two are the Tablets of the Covenant; One is our God, in heaven and on earth.

Who knows thirteen? I know thirteen: thirteen are the attributes of God; twelve are the tribes; eleven are the stars (in Yosef's dream); ten are the Ten Commandments; nine are the months of pregnancy; eight are the days of circumcision; seven are the days of the week; six are the Orders of the Mishnah; five are the Books of the Torah; four are the Matriarchs; three are the Patriarchs; two are the Tablets of the Covenant; One is our God, in heaven and on earth.

חַד גַּדְיָא, A kid, a kid, that father bought for two zuzim, a kid, a kid.

A cat then came and devoured the kid, that father bought for two zuzim, a kid, a kid.

וְאָתָא **כַלְבָּא** וְנָשַׁךְ לְשׁוּנְרָא, דְּאָכְלָה לְגַדְיָא, דִּזְבִּין אַבָּא בִּתְרֵי זוּזֵי, חַד גַּדְיָא חַד גַּדְיָא.

וְאָתָא **חוּטְרָא** וְהִכָּה לְכַלְבָּא, דְּנָשַׁךְ לְשׁוּנְרָא, דְּאָכְלָה לְגַדְיָא, דִּזְבִּין אַבָּא בִּתְרֵי זוּזֵי, חַד גַּדְיָא חַד גַּדְיָא.

וְאָתָא **נוּרָא** וְשָׂרַף לְחוּטְרָא, דְּהִכָּה לְכַלְבָּא, דְּנָשַׁךְ לְשׁוּנְרָא, דְּאָכְלָה לְגַדְיָא, דִּזְבִּין אַבָּא בִּתְרֵי זוּזֵי, חַד גַּדְיָא חַד גַּדְיָא.

וְאָתָא **מַיָּא** וְכָבָה לְנוּרָא, דְּשָׂרַף לְחוּטְרָא, דְּהִכָּה לְכַלְבָּא, דְּנָשַׁךְ לְשׁוּנְרָא, דְּאָכְלָה לְגַדְיָא, דִּזְבִּין אַבָּא בִּתְרֵי זוּזֵי, חַד גַּדְיָא חַד גַּדְיָא.

וְאָתָא **תוֹרָא** וְשָׁתָה לְמַיָּא, דְּכָבָה לְנוּרָא, דְּשָׂרַף לְחוּטְרָא, דְּהִכָּה לְכַלְבָּא, דְּנָשַׁךְ לְשׁוּנְרָא, דְּאָכְלָה לְגַדְיָא, דִּזְבִּין אַבָּא בִּתְרֵי זוּזֵי, חַד גַּדְיָא חַד גַּדְיָא.

וְאָתָא **הַשּׁוֹחֵט** וְשָׁחַט לְתוֹרָא, דְּשָׁתָא לְמַיָּא, דְּכָבָה לְנוּרָא, דְּשָׂרַף לְחוּטְרָא, דְּהִכָּה לְכַלְבָּא, דְּנָשַׁךְ לְשׁוּנְרָא, דְּאָכְלָה לְגַדְיָא, דִּזְבִּין אַבָּא בִּתְרֵי זוּזֵי, חַד גַּדְיָא חַד גַּדְיָא.

וְאָתָא **מַלְאַךְ הַמָּוֶת** וְשָׁחַט לְשׁוֹחֵט, דְּשָׁחַט לְתוֹרָא, דְּשָׁתָה לְמַיָּא, דְּכָבָה לְנוּרָא, דְּשָׂרַף לְחוּטְרָא, דְּהִכָּה לְכַלְבָּא, דְּנָשַׁךְ לְשׁוּנְרָא, דְּאָכְלָה לְגַדְיָא, דִּזְבִּין אַבָּא בִּתְרֵי זוּזֵי, חַד גַּדְיָא חַד גַּדְיָא.

וְאָתָא **הַקָּדוֹשׁ בָּרוּךְ הוּא** וְשָׁחַט לְמַלְאַךְ הַמָּוֶת, דְּשָׁחַט לְשׁוֹחֵט, דְּשָׁחַט לְתוֹרָא, דְּשָׁתָה לְמַיָּא, דְּכָבָה לְנוּרָא, דְּשָׂרַף לְחוּטְרָא, דְּהִכָּה לְכַלְבָּא, דְּנָשַׁךְ לְשׁוּנְרָא, דְּאָכְלָה לְגַדְיָא, דִּזְבִּין אַבָּא בִּתְרֵי זוּזֵי, חַד גַּדְיָא חַד גַּדְיָא.

Although the Haggadah formally ends at this point, one should continue to occupy himself with the story of the Exodus, and the laws of Pesach, until sleep overtakes him. Many recite שִׁיר הַשִּׁירִים, *Song of Songs,* after the Haggadah.

A dog then came and bit the cat, that devoured the kid, that father bought for two zuzim, a kid, a kid.

A stick then came and beat the dog, that bit the cat, that devoured the kid, that father bought for two zuzim, a kid, a kid.

A fire then came and burnt the stick, that beat the dog, that bit the cat, that devoured the kid, that father bought for two zuzim, a kid, a kid.

Water then came and quenched the fire, that burnt the stick, that beat the dog, that bit the cat, that devoured the kid, that father bought for two zuzim, a kid, a kid.

An ox then came and drank the water, that quenched the fire, that burnt the stick, that beat the dog, that bit the cat, that devoured the kid, that father bought for two zuzim, a kid, a kid.

A slaughterer then came and slaughtered the ox, that drank the water, that quenched the fire, that burnt the stick, that beat the dog, that bit the cat, that devoured the kid, that father bought for two zuzim, a kid, a kid.

The angel of death then came and killed the slaughterer, who slaughtered the ox, that drank the water, that quenched the fire, that burnt the stick, that beat the dog, that bit the cat, that devoured the kid, that father bought for two zuzim, a kid, a kid.

The Holy One, Blessed is He, then came and slew the angel of death, who killed the slaughterer, who slaughtered the ox, that drank the water, that quenched the fire, that burnt the stick, that beat the dog, that bit the cat, that devoured the kid, that father bought for two zuzim, a kid, a kid.

Although the Haggadah formally ends at this point, one should continue to occupy himself with the story of the Exodus, and the laws of Pesach, until sleep overtakes him. Many recite שִׁיר הַשִּׁירִים, *Song of Songs,* after the Haggadah.

קריאת שמע על המטה
לשני לילות הראשונים של פסח

בָּרוּךְ אַתָּה יהוה אֱלֹהֵינוּ מֶלֶךְ הָעוֹלָם, הַמַּפִּיל חֶבְלֵי שֵׁנָה עַל עֵינָי, וּתְנוּמָה עַל עַפְעַפָּי. וִיהִי רָצוֹן מִלְּפָנֶיךָ יהוה אֱלֹהַי וֵאלֹהֵי אֲבוֹתַי, שֶׁתַּשְׁכִּיבֵנִי לְשָׁלוֹם וְתַעֲמִידֵנִי לְשָׁלוֹם. וְאַל יְבַהֲלוּנִי רַעְיוֹנַי, וַחֲלוֹמוֹת רָעִים, וְהַרְהוֹרִים רָעִים. וּתְהֵא מִטָּתִי שְׁלֵמָה לְפָנֶיךָ. וְהָאֵר עֵינַי פֶּן אִישַׁן הַמָּוֶת.[1] כִּי אַתָּה הַמֵּאִיר לְאִישׁוֹן בַּת עָיִן. בָּרוּךְ אַתָּה יהוה, הַמֵּאִיר לָעוֹלָם כֻּלּוֹ בִּכְבוֹדוֹ.

אֵל מֶלֶךְ נֶאֱמָן.

Recite the first verse aloud, with the right hand covering the eyes, and concentrate intently upon accepting God's absolute sovereignty.

שְׁמַע | **יִשְׂרָאֵל, יהוה | אֱלֹהֵינוּ, יהוה | אֶחָד:**[2]

בָּרוּךְ שֵׁם כְּבוֹד מַלְכוּתוֹ לְעוֹלָם וָעֶד. – In an undertone

דברים ו:ה-ט

וְאָהַבְתָּ אֵת | יהוה | אֱלֹהֶיךָ, בְּכָל־לְבָבְךָ, וּבְכָל־נַפְשְׁךָ, וּבְכָל־מְאֹדֶךָ: וְהָיוּ הַדְּבָרִים הָאֵלֶּה, אֲשֶׁר | אָנֹכִי מְצַוְּךָ הַיּוֹם, עַל־לְבָבֶךָ: וְשִׁנַּנְתָּם לְבָנֶיךָ, וְדִבַּרְתָּ בָּם, בְּשִׁבְתְּךָ בְּבֵיתֶךָ, וּבְלֶכְתְּךָ בַדֶּרֶךְ, וּבְשָׁכְבְּךָ וּבְקוּמֶךָ: וּקְשַׁרְתָּם לְאוֹת | עַל־יָדֶךָ, וְהָיוּ לְטֹטָפֹת בֵּין | עֵינֶיךָ: וּכְתַבְתָּם | עַל־מְזֻזוֹת בֵּיתֶךָ, וּבִשְׁעָרֶיךָ:

THE BEDTIME SHEMA
FOR THE FIRST TWO NIGHTS OF PESACH

בָּרוּךְ *Blessed are You, H*ASHEM, *our God, King of the universe, Who casts the bonds of sleep upon my eyes and slumber upon my eyelids. May it be Your will, H*ASHEM, *my God and the God of my forefathers, that You lay me down to sleep in peace and raise me erect in peace. May my ideas, bad dreams, and bad notions not confound me; may my offspring be perfect before You, and may You illuminate my eyes lest I die in sleep,[1] for it is You Who illuminates the pupil of the eye. Blessed are You, H*ASHEM, *Who illuminates the entire world with His glory.*

God, trustworthy King.

Recite the first verse aloud, with the right hand covering the eyes, and concentrate intently upon accepting God's absolute sovereignty.

Hear, O Israel: HASHEM is our God, HASHEM, the One and Only.[2]

In an undertone— *Blessed is the Name of His glorious kingdom for all eternity.*

Deuteronomy 6:5-9

וְאָהַבְתָּ *You shall love H*ASHEM, *your God, with all your heart, with all your soul and with all your resources. Let these matters that I command you today be upon your heart. Teach them thoroughly to your children and speak of them while you sit in your home, while you walk on the way, when you retire and when you arise. Bind them as a sign upon your arm and let them be tefillin between your eyes. And write them on the doorposts of your house and upon your gates.*

---

(1) Cf. *Psalms* 13:4. (2) *Deuteronomy* 6:4.

שיר השירים

פרק א

א שִׁיר הַשִּׁירִים אֲשֶׁר לִשְׁלֹמֹה: ב יִשָּׁקֵנִי מִנְּשִׁיקוֹת פִּיהוּ כִּי־
טוֹבִים דֹּדֶיךָ מִיָּיִן: ג לְרֵיחַ שְׁמָנֶיךָ טוֹבִים שֶׁמֶן תּוּרַק שְׁמֶךָ
עַל־כֵּן עֲלָמוֹת אֲהֵבוּךָ: ד מָשְׁכֵנִי אַחֲרֶיךָ נָּרוּצָה הֱבִיאַנִי הַמֶּלֶךְ
חֲדָרָיו נָגִילָה וְנִשְׂמְחָה בָּךְ נַזְכִּירָה דֹדֶיךָ מִיַּיִן מֵישָׁרִים אֲהֵבוּךָ:
ה שְׁחוֹרָה אֲנִי וְנָאוָה בְּנוֹת יְרוּשָׁלָיִם כְּאָהֳלֵי קֵדָר כִּירִיעוֹת
שְׁלֹמֹה: ו אַל־תִּרְאוּנִי שֶׁאֲנִי שְׁחַרְחֹרֶת שֶׁשְּׁזָפַתְנִי הַשָּׁמֶשׁ בְּנֵי
אִמִּי נִחֲרוּ־בִי שָׂמֻנִי נֹטֵרָה אֶת־הַכְּרָמִים כַּרְמִי שֶׁלִּי לֹא נָטָרְתִּי:
ז הַגִּידָה לִּי שֶׁאָהֲבָה נַפְשִׁי אֵיכָה תִרְעֶה אֵיכָה תַּרְבִּיץ בַּצָּהֳרָיִם
שַׁלָּמָה אֶהְיֶה כְּעֹטְיָה עַל עֶדְרֵי חֲבֵרֶיךָ: ח אִם־לֹא תֵדְעִי לָךְ
הַיָּפָה בַּנָּשִׁים צְאִי־לָךְ בְּעִקְבֵי הַצֹּאן וּרְעִי אֶת־גְּדִיֹּתַיִךְ עַל
מִשְׁכְּנוֹת הָרֹעִים: ט לְסֻסָתִי בְּרִכְבֵי פַרְעֹה דִּמִּיתִיךְ רַעְיָתִי: י נָאווּ
לְחָיַיִךְ בַּתֹּרִים צַוָּארֵךְ בַּחֲרוּזִים: יא תּוֹרֵי זָהָב נַעֲשֶׂה־לָּךְ עִם
נְקֻדּוֹת הַכָּסֶף: יב עַד־שֶׁהַמֶּלֶךְ בִּמְסִבּוֹ נִרְדִּי נָתַן רֵיחוֹ: יג צְרוֹר
הַמֹּר | דּוֹדִי לִי בֵּין שָׁדַי יָלִין: יד אֶשְׁכֹּל הַכֹּפֶר | דּוֹדִי לִי בְּכַרְמֵי
עֵין גֶּדִי: טו הִנָּךְ יָפָה רַעְיָתִי הִנָּךְ יָפָה עֵינַיִךְ יוֹנִים: טז הִנְּךָ יָפֶה
דוֹדִי אַף נָעִים אַף־עַרְשֵׂנוּ רַעֲנָנָה: יז קֹרוֹת בָּתֵּינוּ אֲרָזִים רָהִיטֵנוּ
בְּרוֹתִים:

פרק ב

א אֲנִי חֲבַצֶּלֶת הַשָּׁרוֹן שׁוֹשַׁנַּת הָעֲמָקִים: ב כְּשׁוֹשַׁנָּה בֵּין
הַחוֹחִים כֵּן רַעְיָתִי בֵּין הַבָּנוֹת: ג כְּתַפּוּחַ בַּעֲצֵי הַיַּעַר כֵּן דּוֹדִי בֵּין
הַבָּנִים בְּצִלּוֹ חִמַּדְתִּי וְיָשַׁבְתִּי וּפִרְיוֹ מָתוֹק לְחִכִּי: ד הֱבִיאַנִי
אֶל־בֵּית הַיָּיִן וְדִגְלוֹ עָלַי אַהֲבָה: ה סַמְּכוּנִי בָּאֲשִׁישׁוֹת רַפְּדוּנִי
בַּתַּפּוּחִים כִּי־חוֹלַת אַהֲבָה אָנִי: ו שְׂמֹאלוֹ תַּחַת לְרֹאשִׁי וִימִינוֹ
תְּחַבְּקֵנִי: ז הִשְׁבַּעְתִּי אֶתְכֶם בְּנוֹת יְרוּשָׁלַם בִּצְבָאוֹת אוֹ בְּאַיְלוֹת
הַשָּׂדֶה אִם־תָּעִירוּ | וְאִם־תְּעוֹרְרוּ אֶת־הָאַהֲבָה עַד שֶׁתֶּחְפָּץ:
ח קוֹל דּוֹדִי הִנֵּה־זֶה בָּא מְדַלֵּג עַל־הֶהָרִים מְקַפֵּץ עַל־הַגְּבָעוֹת:

ט דּוֹמֶה דוֹדִי לִצְבִי אוֹ לְעֹפֶר הָאַיָּלִים הִנֵּה־זֶה עוֹמֵד אַחַר
כָּתְלֵנוּ מַשְׁגִּיחַ מִן־הַחַלֹּנוֹת מֵצִיץ מִן־הַחֲרַכִּים: י עָנָה דוֹדִי
וְאָמַר לִי קוּמִי לָךְ רַעְיָתִי יָפָתִי וּלְכִי־לָךְ: יא כִּי־הִנֵּה הַסְּתָו
עָבָר הַגֶּשֶׁם חָלַף הָלַךְ לוֹ: יב הַנִּצָּנִים נִרְאוּ בָאָרֶץ עֵת הַזָּמִיר
הִגִּיעַ וְקוֹל הַתּוֹר נִשְׁמַע בְּאַרְצֵנוּ: יג הַתְּאֵנָה חָנְטָה פַגֶּיהָ
וְהַגְּפָנִים | סְמָדַר נָתְנוּ רֵיחַ קוּמִי לָךְ רַעְיָתִי יָפָתִי וּלְכִי־
לָךְ: יד יוֹנָתִי בְּחַגְוֵי הַסֶּלַע בְּסֵתֶר הַמַּדְרֵגָה הַרְאִינִי אֶת־
מַרְאַיִךְ הַשְׁמִיעִינִי אֶת־קוֹלֵךְ כִּי־קוֹלֵךְ עָרֵב וּמַרְאֵיךְ נָאוֶה:
טו אֶחֱזוּ־לָנוּ שֻׁעָלִים קְטַנִּים מְחַבְּלִים כְּרָמִים וּכְרָמֵינוּ
סְמָדַר: טז דּוֹדִי לִי וַאֲנִי לוֹ הָרֹעֶה בַּשּׁוֹשַׁנִּים: יז עַד שֶׁיָּפוּחַ הַיּוֹם
וְנָסוּ הַצְּלָלִים סֹב דְּמֵה־לְךָ דוֹדִי לִצְבִי אוֹ לְעֹפֶר הָאַיָּלִים
עַל־הָרֵי בָתֶר:

פרק ג

א עַל־מִשְׁכָּבִי בַּלֵּילוֹת בִּקַּשְׁתִּי אֵת שֶׁאָהֲבָה נַפְשִׁי בִּקַּשְׁתִּיו וְלֹא
מְצָאתִיו: ב אָקוּמָה נָּא וַאֲסוֹבְבָה בָעִיר בַּשְּׁוָקִים וּבָרְחֹבוֹת
אֲבַקְשָׁה אֵת שֶׁאָהֲבָה נַפְשִׁי בִּקַּשְׁתִּיו וְלֹא מְצָאתִיו: ג מְצָאוּנִי
הַשֹּׁמְרִים הַסֹּבְבִים בָּעִיר אֵת שֶׁאָהֲבָה נַפְשִׁי רְאִיתֶם: ד כִּמְעַט
שֶׁעָבַרְתִּי מֵהֶם עַד שֶׁמָּצָאתִי אֵת שֶׁאָהֲבָה נַפְשִׁי אֲחַזְתִּיו וְלֹא
אַרְפֶּנּוּ עַד־שֶׁהֲבֵיאתִיו אֶל־בֵּית אִמִּי וְאֶל־חֶדֶר הוֹרָתִי:
ה הִשְׁבַּעְתִּי אֶתְכֶם בְּנוֹת יְרוּשָׁלִַם בִּצְבָאוֹת אוֹ בְּאַיְלוֹת הַשָּׂדֶה
אִם־תָּעִירוּ | וְאִם־תְּעוֹרְרוּ אֶת־הָאַהֲבָה עַד שֶׁתֶּחְפָּץ: ו מִי זֹאת
עֹלָה מִן־הַמִּדְבָּר כְּתִימְרוֹת עָשָׁן מְקֻטֶּרֶת מוֹר וּלְבוֹנָה מִכֹּל
אַבְקַת רוֹכֵל: ז הִנֵּה מִטָּתוֹ שֶׁלִּשְׁלֹמֹה שִׁשִּׁים גִּבֹּרִים סָבִיב לָהּ
מִגִּבֹּרֵי יִשְׂרָאֵל: ח כֻּלָּם אֲחֻזֵי חֶרֶב מְלֻמְּדֵי מִלְחָמָה אִישׁ חַרְבּוֹ
עַל־יְרֵכוֹ מִפַּחַד בַּלֵּילוֹת: ט אַפִּרְיוֹן עָשָׂה לוֹ הַמֶּלֶךְ שְׁלֹמֹה
מֵעֲצֵי הַלְּבָנוֹן: י עַמּוּדָיו עָשָׂה כֶסֶף רְפִידָתוֹ זָהָב מֶרְכָּבוֹ אַרְגָּמָן
תּוֹכוֹ רָצוּף אַהֲבָה מִבְּנוֹת יְרוּשָׁלִָם: יא צְאֶינָה | וּרְאֶינָה בְּנוֹת
צִיּוֹן בַּמֶּלֶךְ שְׁלֹמֹה בָּעֲטָרָה שֶׁעִטְּרָה־לּוֹ אִמּוֹ בְּיוֹם חֲתֻנָּתוֹ
וּבְיוֹם שִׂמְחַת לִבּוֹ:

פרק ד

א הִנָּךְ יָפָה רַעְיָתִי הִנָּךְ יָפָה עֵינַיִךְ יוֹנִים מִבַּעַד לְצַמָּתֵךְ שַׂעְרֵךְ
כְּעֵדֶר הָעִזִּים שֶׁגָּלְשׁוּ מֵהַר גִּלְעָד: ב שִׁנַּיִךְ כְּעֵדֶר הַקְּצוּבוֹת שֶׁעָלוּ
מִן־הָרַחְצָה שֶׁכֻּלָּם מַתְאִימוֹת וְשַׁכֻּלָה אֵין בָּהֶם: ג כְּחוּט הַשָּׁנִי
שִׂפְתוֹתַיִךְ וּמִדְבָּרֵיךְ נָאוֶה כְּפֶלַח הָרִמּוֹן רַקָּתֵךְ מִבַּעַד לְצַמָּתֵךְ:
ד כְּמִגְדַּל דָּוִיד צַוָּארֵךְ בָּנוּי לְתַלְפִּיּוֹת אֶלֶף הַמָּגֵן תָּלוּי עָלָיו כֹּל
שִׁלְטֵי הַגִּבֹּרִים: ה שְׁנֵי שָׁדַיִךְ כִּשְׁנֵי עֳפָרִים תְּאוֹמֵי צְבִיָּה הָרוֹעִים
בַּשּׁוֹשַׁנִּים: ו עַד שֶׁיָּפוּחַ הַיּוֹם וְנָסוּ הַצְּלָלִים אֵלֶךְ לִי אֶל־הַר הַמּוֹר
וְאֶל־גִּבְעַת הַלְּבוֹנָה: ז כֻּלָּךְ יָפָה רַעְיָתִי וּמוּם אֵין בָּךְ: ח אִתִּי
מִלְּבָנוֹן כַּלָּה אִתִּי מִלְּבָנוֹן תָּבוֹאִי תָּשׁוּרִי ׀ מֵרֹאשׁ אֲמָנָה מֵרֹאשׁ
שְׂנִיר וְחֶרְמוֹן מִמְּעֹנוֹת אֲרָיוֹת מֵהַרְרֵי נְמֵרִים: ט לִבַּבְתִּנִי אֲחֹתִי
כַלָּה לִבַּבְתִּינִי בְּאַחַד מֵעֵינַיִךְ בְּאַחַד עֲנָק מִצַּוְּרֹנָיִךְ: י מַה־יָּפוּ
דֹדַיִךְ אֲחֹתִי כַלָּה מַה־טֹּבוּ דֹדַיִךְ מִיַּיִן וְרֵיחַ שְׁמָנַיִךְ מִכָּל־בְּשָׂמִים:
יא נֹפֶת תִּטֹּפְנָה שִׂפְתוֹתַיִךְ כַּלָּה דְּבַשׁ וְחָלָב תַּחַת לְשׁוֹנֵךְ וְרֵיחַ
שַׂלְמֹתַיִךְ כְּרֵיחַ לְבָנוֹן: יב גַּן ׀ נָעוּל אֲחֹתִי כַלָּה גַּל נָעוּל מַעְיָן
חָתוּם: יג שְׁלָחַיִךְ פַּרְדֵּס רִמּוֹנִים עִם פְּרִי מְגָדִים כְּפָרִים
עִם־נְרָדִים: יד נֵרְדְּ ׀ וְכַרְכֹּם קָנֶה וְקִנָּמוֹן עִם כָּל־עֲצֵי לְבוֹנָה מֹר
וַאֲהָלוֹת עִם כָּל־רָאשֵׁי בְשָׂמִים: טו מַעְיַן גַּנִּים בְּאֵר מַיִם חַיִּים
וְנֹזְלִים מִן־לְבָנוֹן: טז עוּרִי צָפוֹן וּבוֹאִי תֵימָן הָפִיחִי גַנִּי יִזְּלוּ בְשָׂמָיו
יָבֹא דוֹדִי לְגַנּוֹ וְיֹאכַל פְּרִי מְגָדָיו:

פרק ה

א בָּאתִי לְגַנִּי אֲחֹתִי כַלָּה אָרִיתִי מוֹרִי עִם־בְּשָׂמִי אָכַלְתִּי יַעְרִי
עִם־דִּבְשִׁי שָׁתִיתִי יֵינִי עִם־חֲלָבִי אִכְלוּ רֵעִים שְׁתוּ וְשִׁכְרוּ דּוֹדִים:
ב אֲנִי יְשֵׁנָה וְלִבִּי עֵר קוֹל ׀ דּוֹדִי דוֹפֵק פִּתְחִי־לִי אֲחֹתִי רַעְיָתִי
יוֹנָתִי תַמָּתִי שֶׁרֹּאשִׁי נִמְלָא־טָל קְוֻצּוֹתַי רְסִיסֵי לָיְלָה: ג פָּשַׁטְתִּי
אֶת־כֻּתָּנְתִּי אֵיכָכָה אֶלְבָּשֶׁנָּה רָחַצְתִּי אֶת־רַגְלַי אֵיכָכָה אֲטַנְּפֵם:
ד דּוֹדִי שָׁלַח יָדוֹ מִן־הַחוֹר וּמֵעַי הָמוּ עָלָיו: ה קַמְתִּי אֲנִי לִפְתֹּחַ
לְדוֹדִי וְיָדַי נָטְפוּ־מוֹר וְאֶצְבְּעֹתַי מוֹר עֹבֵר עַל כַּפּוֹת הַמַּנְעוּל:
ו פָּתַחְתִּי אֲנִי לְדוֹדִי וְדוֹדִי חָמַק עָבָר נַפְשִׁי יָצְאָה בְדַבְּרוֹ

בִּקַּשְׁתִּיהוּ וְלֹא מְצָאתִיהוּ קְרָאתִיו וְלֹא עָנָנִי: ז מְצָאֻנִי הַשֹּׁמְרִים
הַסֹּבְבִים בָּעִיר הִכּוּנִי פְצָעוּנִי נָשְׂאוּ אֶת־רְדִידִי מֵעָלַי שֹׁמְרֵי
הַחֹמוֹת: ח הִשְׁבַּעְתִּי אֶתְכֶם בְּנוֹת יְרוּשָׁלָ͏ִם אִם־תִּמְצְאוּ אֶת־דּוֹדִי
מַה־תַּגִּידוּ לוֹ שֶׁחוֹלַת אַהֲבָה אָנִי: ט מַה־דּוֹדֵךְ מִדּוֹד הַיָּפָה
בַּנָּשִׁים מַה־דּוֹדֵךְ מִדּוֹד שֶׁכָּכָה הִשְׁבַּעְתָּנוּ: י דּוֹדִי צַח וְאָדוֹם דָּגוּל
מֵרְבָבָה: יא רֹאשׁוֹ כֶּתֶם פָּז קְוֻצּוֹתָיו תַּלְתַּלִּים שְׁחֹרוֹת כָּעוֹרֵב:
יב עֵינָיו כְּיוֹנִים עַל־אֲפִיקֵי מָיִם רֹחֲצוֹת בֶּחָלָב יֹשְׁבוֹת עַל־מִלֵּאת:
יג לְחָיָו כַּעֲרוּגַת הַבֹּשֶׂם מִגְדְּלוֹת מֶרְקָחִים שִׂפְתוֹתָיו שׁוֹשַׁנִּים
נֹטְפוֹת מוֹר עֹבֵר: יד יָדָיו גְּלִילֵי זָהָב מְמֻלָּאִים בַּתַּרְשִׁישׁ מֵעָיו
עֶשֶׁת שֵׁן מְעֻלֶּפֶת סַפִּירִים: טו שׁוֹקָיו עַמּוּדֵי שֵׁשׁ מְיֻסָּדִים
עַל־אַדְנֵי־פָז מַרְאֵהוּ כַּלְּבָנוֹן בָּחוּר כָּאֲרָזִים: טז חִכּוֹ מַמְתַקִּים
וְכֻלּוֹ מַחֲמַדִּים זֶה דוֹדִי וְזֶה רֵעִי בְּנוֹת יְרוּשָׁלָ͏ִם:

פרק ו

א אָנָה הָלַךְ דּוֹדֵךְ הַיָּפָה בַּנָּשִׁים אָנָה פָּנָה דוֹדֵךְ וּנְבַקְשֶׁנּוּ עִמָּךְ:
ב דּוֹדִי יָרַד לְגַנּוֹ לַעֲרֻגוֹת הַבֹּשֶׂם לִרְעוֹת בַּגַּנִּים וְלִלְקֹט שׁוֹשַׁנִּים:
ג אֲנִי לְדוֹדִי וְדוֹדִי לִי הָרֹעֶה בַּשּׁוֹשַׁנִּים: ד יָפָה אַתְּ רַעְיָתִי כְּתִרְצָה
נָאוָה כִּירוּשָׁלָ͏ִם אֲיֻמָּה כַּנִּדְגָּלוֹת: ה הָסֵבִּי עֵינַיִךְ מִנֶּגְדִּי שֶׁהֵם
הִרְהִיבֻנִי שַׂעְרֵךְ כְּעֵדֶר הָעִזִּים שֶׁגָּלְשׁוּ מִן־הַגִּלְעָד: ו שִׁנַּיִךְ כְּעֵדֶר
הָרְחֵלִים שֶׁעָלוּ מִן־הָרַחְצָה שֶׁכֻּלָּם מַתְאִימוֹת וְשַׁכֻּלָה אֵין בָּהֶם:
ז כְּפֶלַח הָרִמּוֹן רַקָּתֵךְ מִבַּעַד לְצַמָּתֵךְ: ח שִׁשִּׁים הֵמָּה מְלָכוֹת
וּשְׁמֹנִים פִּילַגְשִׁים וַעֲלָמוֹת אֵין מִסְפָּר: ט אַחַת הִיא יוֹנָתִי תַמָּתִי
אַחַת הִיא לְאִמָּהּ בָּרָה הִיא לְיוֹלַדְתָּהּ רָאוּהָ בָנוֹת וַיְאַשְּׁרוּהָ
מְלָכוֹת וּפִילַגְשִׁים וַיְהַלְלוּהָ: י מִי־זֹאת הַנִּשְׁקָפָה כְּמוֹ־שָׁחַר יָפָה
כַלְּבָנָה בָּרָה כַּחַמָּה אֲיֻמָּה כַּנִּדְגָּלוֹת: יא אֶל־גִּנַּת אֱגוֹז יָרַדְתִּי
לִרְאוֹת בְּאִבֵּי הַנָּחַל לִרְאוֹת הֲפָרְחָה הַגֶּפֶן הֵנֵצוּ הָרִמֹּנִים: יב לֹא
יָדַעְתִּי נַפְשִׁי שָׂמַתְנִי מַרְכְּבוֹת עַמִּי נָדִיב:

פרק ז

א שׁוּבִי שׁוּבִי הַשּׁוּלַמִּית שׁוּבִי שׁוּבִי וְנֶחֱזֶה־בָּךְ מַה־תֶּחֱזוּ
בַּשּׁוּלַמִּית כִּמְחֹלַת הַמַּחֲנָיִם: ב מַה־יָּפוּ פְעָמַיִךְ בַּנְּעָלִים בַּת־נָדִיב

חַמּוּקֵי יְרֵכַיִךְ כְּמוֹ חֲלָאִים מַעֲשֵׂה יְדֵי אָמָּן׃ ג שָׁרְרֵךְ אַגַּן הַסַּהַר
אַל־יֶחְסַר הַמָּזֶג בִּטְנֵךְ עֲרֵמַת חִטִּים סוּגָה בַּשּׁוֹשַׁנִּים׃ ד שְׁנֵי שָׁדַיִךְ
כִּשְׁנֵי עֳפָרִים תָּאֳמֵי צְבִיָּה׃ ה צַוָּארֵךְ כְּמִגְדַּל הַשֵּׁן עֵינַיִךְ בְּרֵכוֹת
בְּחֶשְׁבּוֹן עַל־שַׁעַר בַּת־רַבִּים אַפֵּךְ כְּמִגְדַּל הַלְּבָנוֹן צוֹפֶה פְּנֵי
דַמָּשֶׂק׃ ו רֹאשֵׁךְ עָלַיִךְ כַּכַּרְמֶל וְדַלַּת רֹאשֵׁךְ כָּאַרְגָּמָן מֶלֶךְ אָסוּר
בָּרְהָטִים׃ ז מַה־יָּפִית וּמַה־נָּעַמְתְּ אַהֲבָה בַּתַּעֲנוּגִים׃ ח זֹאת קוֹמָתֵךְ
דָּמְתָה לְתָמָר וְשָׁדַיִךְ לְאַשְׁכֹּלוֹת׃ ט אָמַרְתִּי אֶעֱלֶה בְתָמָר אֹחֲזָה
בְּסַנְסִנָּיו וְיִהְיוּ־נָא שָׁדַיִךְ כְּאֶשְׁכְּלוֹת הַגֶּפֶן וְרֵיחַ אַפֵּךְ כַּתַּפּוּחִים׃
י וְחִכֵּךְ כְּיֵין הַטּוֹב הוֹלֵךְ לְדוֹדִי לְמֵישָׁרִים דּוֹבֵב שִׂפְתֵי יְשֵׁנִים׃
יא אֲנִי לְדוֹדִי וְעָלַי תְּשׁוּקָתוֹ׃ יב לְכָה דוֹדִי נֵצֵא הַשָּׂדֶה נָלִינָה
בַּכְּפָרִים׃ יג נַשְׁכִּימָה לַכְּרָמִים נִרְאֶה אִם פָּרְחָה הַגֶּפֶן פִּתַּח
הַסְּמָדַר הֵנֵצוּ הָרִמּוֹנִים שָׁם אֶתֵּן אֶת־דֹּדַי לָךְ׃ יד הַדּוּדָאִים
נָתְנוּ־רֵיחַ וְעַל־פְּתָחֵינוּ כָּל־מְגָדִים חֲדָשִׁים גַּם־יְשָׁנִים דּוֹדִי
צָפַנְתִּי לָךְ׃

פרק ח

א מִי יִתֶּנְךָ כְּאָח לִי יוֹנֵק שְׁדֵי אִמִּי אֶמְצָאֲךָ בַחוּץ אֶשָּׁקְךָ גַּם
לֹא־יָבֻזוּ לִי׃ ב אֶנְהָגְךָ אֲבִיאֲךָ אֶל־בֵּית אִמִּי תְּלַמְּדֵנִי אַשְׁקְךָ מִיַּיִן
הָרֶקַח מֵעֲסִיס רִמֹּנִי׃ ג שְׂמֹאלוֹ תַּחַת רֹאשִׁי וִימִינוֹ תְּחַבְּקֵנִי׃
ד הִשְׁבַּעְתִּי אֶתְכֶם בְּנוֹת יְרוּשָׁלִָם מַה־תָּעִירוּ ׀ וּמַה־תְּעֹרְרוּ
אֶת־הָאַהֲבָה עַד שֶׁתֶּחְפָּץ׃ ה מִי זֹאת עֹלָה מִן־הַמִּדְבָּר מִתְרַפֶּקֶת
עַל־דּוֹדָהּ תַּחַת הַתַּפּוּחַ עוֹרַרְתִּיךָ שָׁמָּה חִבְּלַתְךָ אִמֶּךָ שָׁמָּה
חִבְּלָה יְלָדַתְךָ׃ ו שִׂימֵנִי כַחוֹתָם עַל־לִבֶּךָ כַּחוֹתָם עַל־זְרוֹעֶךָ
כִּי־עַזָּה כַמָּוֶת אַהֲבָה קָשָׁה כִשְׁאוֹל קִנְאָה, רְשָׁפֶיהָ רִשְׁפֵּי אֵשׁ,
שַׁלְהֶבֶתְיָה. ז מַיִם רַבִּים לֹא יוּכְלוּ לְכַבּוֹת אֶת־הָאַהֲבָה, וּנְהָרוֹת
לֹא יִשְׁטְפוּהָ, אִם יִתֵּן אִישׁ אֶת כָּל־הוֹן בֵּיתוֹ בָּאַהֲבָה, בּוֹז יָבוּזוּ לוֹ.
ח אָחוֹת לָנוּ קְטַנָּה, וְשָׁדַיִם אֵין לָהּ, מַה־נַּעֲשֶׂה לַאֲחֹתֵנוּ בַּיּוֹם
שֶׁיְּדֻבַּר־בָּהּ. ט אִם־חוֹמָה הִיא, נִבְנֶה עָלֶיהָ טִירַת כָּסֶף, וְאִם־דֶּלֶת
הִיא, נָצוּר עָלֶיהָ לוּחַ אָרֶז. י אֲנִי חוֹמָה, וְשָׁדַי כַּמִּגְדָּלוֹת, אָז
הָיִיתִי בְעֵינָיו כְּמוֹצְאֵת שָׁלוֹם. יא כֶּרֶם הָיָה לִשְׁלֹמֹה בְּבַעַל הָמוֹן,

נָתַן אֶת הַכֶּרֶם לַנֹּטְרִים, אִישׁ יָבִא בְּפִרְיוֹ אֶלֶף כָּסֶף. יב כַּרְמִי שֶׁלִּי
לְפָנָי, הָאֶלֶף לְךָ שְׁלֹמֹה, וּמָאתַיִם לְנֹטְרִים אֶת־פִּרְיוֹ. יג הַיּוֹשֶׁבֶת
בַּגַּנִּים, חֲבֵרִים מַקְשִׁיבִים לְקוֹלֵךְ, הַשְׁמִיעִנִי. יד בְּרַח דּוֹדִי, וּדְמֵה
לְךָ לִצְבִי, אוֹ לְעֹפֶר הָאַיָּלִים, עַל הָרֵי בְשָׂמִים.

This volume is part of
THE ARTSCROLL SERIES®
an ongoing project of
translations, commentaries and expositions
on Scripture, Mishnah, Talmud, liturgy,
history, the classic Rabbinic writings,
biographies, and thought.

For a brochure of current publications
visit your local Hebrew bookseller
or contact the publisher:

Mesorah Publications, ltd

4401 Second Avenue
Brooklyn, New York 11232
(718) 921-9000